MW01164703

Wolfgang Amadeus Mozart

mit Selbstzeugnissen und Bilddokumenten
dargestellt von Fritz Hennenberg

Rowohlt

rowohlts monographien begründet von Kurt Kusenberg
herausgegeben von Wolfgang Müller

Redaktion: Uwe Naumann
Redaktionsassistenz: Katrin Finkemeier
Umschlaggestaltung: Walter Hellmann
Vorderseite: Wolfgang Amadeus Mozart. Silberstiftzeichnung
von Doris Stock, April 1789 (Privatsammlung)
Rückseite: «Die Zauberflöte» in einer Inszenierung
von Walter Felsenstein in der Komischen Oper Berlin
(Foto: Jürgen Simon, Berlin. Privatsammlung)
(Beide Vorlagen: Reclam-Verlag, Leipzig)
Frontispiz: Mozart. Ölgemälde von Barbara Krafft, 1819

Dieser Band ersetzt die 1962 erschienene Mozart-Monographie
von Aloys Greither

Originalausgabe
Veröffentlicht im Rowohlt Taschenbuch Verlag GmbH
Reinbek bei Hamburg, Dezember 1992
Copyright © 1992 by Rowohlt Taschenbuch Verlag GmbH,
Reinbek bei Hamburg
Alle Rechte dieser Ausgabe vorbehalten
Satz Times PostScript Linotype Library, PM 4.0
Jung Satzcentrum GmbH, Lahnau
Gesamtherstellung Clausen & Bosse, Leck
Printed in Germany
1090-ISBN 3 499 50523 1

Inhalt

Brief von Wolfgang Amadeus Mozart
an seinen Vater, 8. November 1777

Wie ein Wunderkind
erzogen wird

Am 27. Januar 1756 kam um acht Uhr abends in Salzburg Johannes Chrysostomus Wolfgangus Theophilus Mozart als Sohn des Leopold Mozart und seiner Frau Anna Maria geb. Pertl auf die Welt. Die ersten beiden seiner Vornamen sind Huldigungen an den Namenstag eines Kirchenheiligen, dem der Geburtstag geweiht war; der letzte, Theophilus, wurde in das Synonym Gottlieb und schließlich Amadeus überführt. Mozart selbst benutzte nicht diese latinisierte Form; in Italien nannte er sich Wolfgango Amadeo und seit den endsiebziger Jahren Wolfgang Amadé.

Der Vater, 1719 zu Augsburg als Sohn eines Buchbindermeisters geboren, besuchte, für den geistlichen Stand bestimmt, die Jesuitenschule, schlug schließlich aber eine weltliche Karriere ein und ließ sich an der Salzburger Universität immatrikulieren, wo er es bis zum Bakkalaureus der Philosophie brachte. Im zweiten Studienjahr indes wurde er wegen Studienbummelei von der Universität verwiesen.

Es scheint, daß ihn das Interesse an Musik die Wissenschaft vernachlässigen ließ. Leopold Mozart hatte sich bei den Jesuiten gründliche musikalische Kenntnisse angeeignet und als Sängerknabe sogar erste Routine erworben; er war für den Musikerberuf gut vorbereitet. 1740 trat er ins Gefolge des salzburgischen Domherrn und Konsistorialpräsidenten Graf Thurn-Valsassina und Taxis ein, mußte hier aber – wie in kleineren Hofhaltungen für Musiker üblich – auch als Kammerdiener aufwarten. 1744 wechselte er in die salzburgisch-fürsterzbischöfliche Hofkapelle über. Als vierter Violinist beginnend, avancierte er zum Geigenlehrer der Sängerknaben, zum Hofkomponisten, zum zweiten Violinisten und schließlich zum Vizekapellmeister. Es hat ihn sehr gewurmt, daß er über diese Position nicht hinauskam und sieben verschiedene Hofkapellmeister erlebte, ohne je selbst diesen höchsten musikalischen Rang zu bekleiden. Dabei war er namentlich als Pädagoge eine weit über Salzburg hinaus bekannte Kapazität. Seine Violinschule, 1756 erschienen, fortan in vielen Auflagen und Ausgaben nachgedruckt, 1766 ins Holländische, 1770 ins Französi-

Leopold Mozart. Stich von Jakob Andreas Friedrich
nach Matthias Gottfried Eichler, 1756

sche übersetzt, gilt als Standardwerk ihrer Zeit; sie verbindet, wie die
anderen großen Schulwerke des achtzehnten Jahrhunderts, den techni-
schen Lehrgang mit Überlegungen über Ausdruck und Ästhetik und beschreibt nicht nur zeitübliche Praktiken des Geigenspiels, sondern überhaupt die Musikauffassung. Von dem Ansehen, das sich Leopold Mozart
erwarb, zeugen Einladungen, Lorenz Christoph Mizlers «Societät der mu-

sikalischen Wissenschaften» (die auf zwanzig Mitglieder beschränkt war) und Friedrich Wilhelm Marpurgs Berliner «Musikalischen Gesellschaft» beizutreten.

Neben allen anderen Tätigkeiten war Leopold Mozart ein fleißiger Compositeur. Sein Schaffenskatalog verzeichnet Klavierwerke, Kammermusik, Konzerte, Sinfonien, Divertimenti, Kirchenmusik, Lieder, auch «theatralische Sachen». Effektvolle Tonmalereien stechen hervor – eine Besonderheit nicht nur seines Geschmacks, sondern auch der Weltanschauung: Leopold Mozart ist Utilitarist, Opportunist, er zielt, ohne sehr wählerisch in den Mitteln zu sein, zuvörderst auf Popularität, Erfolg, Gewinn

ab. In dem Stück «Die Bauernhochzeit» sind «Leyer», «Dudsack oder Pollnischerpock«, «Hackbrettl oder Cymbal» vorgeschrieben.[1] Dorfmusik im Sinfonieorchester – aber nicht genug damit: «Bey dem Marche mag auch nach dem Jauchzen jedesmal ein Pistollen Schuss geschehen, wie es bey den Hochzeiten gebräuchlich ist. und wer recht auf den Fingern pfeifen kann, mag auch unter dem Jauchzen darein pfeifen.»[2]

Auf dem Parkett der großen Gesellschaft vermochte er sich gewandt zu bewegen. Den Dienst in der Salzburger Hofkapelle, der ihn nie in die führende Rolle brachte, empfand er als Bürde. Seine Unzufriedenheit ließ ihn zu einem wenig umgänglichen Bediensteten werden. Mit seinem Brotherrn stand er, je länger je mehr, in gespanntem Verhältnis. Er hatte in der Kapelle kaum Vertraute und suchte auch keine. Einige Salzburger Freunde aber wußten ihn wohl zu schätzen. Unter ihnen Pater Dominicus Hagenauer, der am 28. Mai 1787 in sein Tagebuch schrieb: «Der heut verstorbene Vater (Leopold Mozart) war ein Mann von vielen Witz und Klugheit, und er würde auch ausser der Musick dem Staat gute Dienste zu leisten vermögend gewesen seyn. Seiner Zeit war er der regelmessigste Violinist, von welchem seine zweymal aufgelegte Violinschule

Mozarts Geburtshaus (hinten links). Lithographie von C. Czichna nach
J. A. Wenzl, 1837

Zeugniss gibt. Er war in Augsburg gebohren, brachte seine Lebenstäge
meistens in hiesigen Hofdiensten zu, hatte aber das Unglück hier immer
verfolget zu werden, und war lang nicht so beliebt, wie in andern grössten
Ortens Europens. Erreichte ein Alter von 68 Jahren.»[3]

Sein Sohn Wolfgang Amadeus zeigte frühzeitig musikalische Neigung
und Begabung. Er war drei Jahre alt, als er Gefallen daran fand, sich
wohlklingende Terzen am Klavier zusammenzusuchen. Den Vierjähri-
gen traktierte der Vater schon mit strengem Musikunterricht. Er benutzt
hierfür ein für seine Tochter Nannerl angelegtes Übungsbuch. Stolz ist
bei verschiedenen Stücken vermerkt, wann der Sohn sie gemeistert hat.
Die Tochter berichtet später: «Es kostete so wohl seinem Vatter als diesen Kinde so wenig Mühe, daß es in einer Stunde ein Stück, und in einer
halben Stunde ein Menuet so leicht lernte, daß es solches dann ohne
Fehler, mit der volkomsten Nettigkeit, und auf das genaueste auf dem
tact spielte.»[4] Ein Freund der Familie erinnert sich: «so bald er mit der
Musik sich abzugeben anfing, waren alle seine Sinne für alle übrige Geschäfte, so viel als todt, und selbst die Kinderreyen und Tändelspiele
mußten, wenn sie für ihn interessant seyn sollten, von der Musik begleitet werden . . .»[5]

Es dauerte nicht lange, und Mozart empfand Musik nicht nur nach,
sondern erfand sie selbst. Das Notenbuch für Nannerl, seine Klavierschu-
le, enthält auch seine ersten Kompositionen. Am Anfang steht ein zehn-

taktiges *Andante C-Dur* (KV 1a) aus dem Frühjahr 1761 – Mozart war knapp fünf Jahre alt! Überraschend ist nicht nur die aperiodische Struktur – die Erweiterung der für solche einfachen, liedhaften Formen normativen acht Takte –, sondern auch eine metrische Kaprice. Der Vater schrieb auf, was der Sohn improvisierte – daher die Lockerheit der Gedanken. Der Ausdrucksgang übertraf die Fähigkeit, das innerlich Gehörte zu fixieren, bei weitem. Johann Andreas Schachtner, schriftstellernder Salzburger Hoftrompeter, Freund der Familie Mozart, berichtet, wie einmal ein Klavierkonzert entstand: «Der Papa nahm ihms weg, und zeigte mir ein Geschmire von Noten, die meistentheils über ausgewischte dintendolken geschrieben waren / : NB. der kleine Wolfgangerl tauchte die Feder, aus Unverstand, allemal bis auf den Grund des Dintenfasses ein, daher musste ihm, so bald er damit aufs Papier kam, ein dintendolken entfallen, aber er war gleich entschlossen, fuhr mit der flachen Hand drüberhin, und wischte es auseinander, und schrieb wieder drauf fort: / wir lachten anfänglich über dieses scheinbare galimathias, aber der Papa fieng hernach seine Betrachtungen über die Hauptsache, über die Noten, über die Composition an, er hieng lange Zeit steif mit seiner Betrachtung an dem Blate, endlich fielen zwei Thränen, Thränen der Bewunderung und Freude aus seinen Augen. Sehen sie, H:. Schachter, sagte er, wie alles richtig und regelmässig gesetzt ist, nur ists nicht zu brauchen, weil es so ausserordentlich schwer ist, daß es kein Mensch zu spielen im Stande ware. der Wolfgangerl fiel ein: drum ists ein Concert, man muß so lang exercieren, bis man es treffen kann, sehen Sie, so muß es gehn. er spielte, konnte aber auch just so viel herauswirgen, daß wir kennen konnten, wo er aus wollte. Er hatte damals den Begrief, das, Concert spielen und Mirakel wirken einerley seyn müsse.»[6]

Vater Mozart erreichte es, daß das Wunder geschah. Es stellte sich freilich nicht von selbst ein, sondern war Ergebnis emsiger Arbeit. Wolfgang Amadeus und das Nannerl, die um viereinhalb Jahre ältere Schwester, hatten tagtäglich ein gewaltiges Übepensum zu bewältigen. Der Plan war auf virtuose Leistungen gerichtet, die, da in zarter Jugend erzielt, als Sensation wirken und das Interesse der Öffentlichkeit erwecken mußten. Vater Mozart wollte aus der Begabung seiner Kinder Kapital schlagen – nicht nur zu seinem, auch zu ihrem Nutzen. Er gedachte die musikalischen Dressuren vorführen und sie sich gut bezahlen zu lassen. Bestrebt, Einsprüche von vornherein zu entkräften, begründete er die Schaustellungen freilich anders, nämlich religiös; er wolle «der Welt ein Wunder verkündigen, welches Gott in Salzburg hat lassen gebohren werden. Ich bin diese Handlung dem allmächtigen Gott schuldig, sonst wäre ich die undanckbarste Creatur: und wenn ich iemals schuldig bin die Welt dieses wundershalben zu überzeugen, so ist es eben ietzt, da man alles, was nur ein Wunder heist lächerlich machet und alle Wunder widerspricht.»[7]

Der Missionar sucht zunächst die Orte auf, die am nächsten liegen und

Mozart als Knabe. Ölbild von Pietro Antonio Lorenzoni (?), 1763

beste Einnahmen versprechen: München und Wien. In München läßt er im Januar 1762 seine Kinder vor dem bayrischen Kurfürsten Maximilian III. Joseph auftreten. In Wien kann er im Herbst eine Audienz bei der Kaiserin Maria Theresia erwirken. Die Mozarts stehen, ihrem eigenen Zeugnis nach, bei den Potentaten in hoher Gunst: Das «Wolferl» darf der Kaiserin auf den Schoß springen, sie umhalsen und küssen. Als den Kin-

Maria Anna (das «Nannerl») Mozart. Ölbild von Pietro Antonio Lorenzoni (?), 1763

dern zugedachte Präsente werden zwei kostbare höfische Galakleider in Empfang genommen; und schließlich darf man sogar der Hoftafel beiwohnen und erfreut sich auch hier huldvollen Interesses der Kaiserin. Der kleine Virtuos nimmt sich die Dreistigkeit heraus, beim Vorspiel dem Kaiser, der neben ihm steht, aufzutragen, den Hofkomponisten Georg Christoph Wagenseil zu holen: *der soll herkommen der verstehts*[8].

Leopold Mozart mit seinem Sohn und dem «Nannerl».
Kupferstich von Jean Baptiste Delafosse (1764) nach einem Aquarell
von Louis Carrogis de Carmontelle, 1763

Wagenseil kommt und wird mit einem seiner Klavierkonzerte geehrt; Mozart bittet ihn, die Noten zu wenden. Die Wiener Aristokratie zeigt reges Interesse: Kaum ein Tag vergeht ohne eine Einladung, oft sind es zwei und drei, und Bestellungen liegen die Menge vor, sogar eine Woche im voraus, weil man weiß, daß die Nachfrage groß ist. Neben klingender Münze gibt es viele Lobsprüche – auch in Form eines Huldigungsgedichtes «auf den Kleinen Sechsjährigen Clavieristen aus Salzburg»[9].

Kaum sind die Mozarts nach Salzburg zurückgekehrt, beginnen sie neue weitgesteckte Pläne zu schmieden. Der Ruhm der Kinder soll sich durch ganz Europa verbreiten. Neue Geldquellen sollen erschlossen werden: Man will die Zeit nutzen, solange sie günstig ist – solange die Kindlichkeit der Virtuosen Zulauf verspricht. Am 9. Juli 1763 begibt sich die Familie Mozart mit einem Diener und im eigenen Reisewagen auf eine Tournee, die fast einundvierzig Monate dauert.

Die erste Hauptstation der Reise ist München. Konzerte beim Kurfürsten, Teilnahme an der öffentlichen Galatafel, dort Gespräche mit ihm, drei Soireen bei Herzog Clemens von Bayern. Weiter nach Augsburg: drei öffentliche Konzerte. In Ludwigsburg Besuch des württembergischen Hofkapellmeisters Niccolò Jommelli (den Leopold als welschen Intriganten verdächtigt). Akademien in Schwetzingen, der Sommerresidenz des Kurfürsten von der Pfalz, Karl Theodor («das Orchester ist ohne widerspruch das beste in Teutschland»[10]). Fünf Konzerte in Frankfurt – Goethe erinnert sich später «des kleinen Mannes in seiner Frisur und Degen noch ganz deutlich»[11]. Konzerte in Mainz, Koblenz, Aachen. Weiterreise nach Brüssel und von dort nach Paris. Ankunft am 18. Novem-ber 1763. Einflußreicher, treuer Pariser Protektor: Melchior Grimm, Propagandist der Aufklärung und streitbarer Italomane. Am Neujahrstag 1764 Audienz

Johann Christian Bach. Ölgemälde von Thomas Gainsborough, 1776

beim Königspaar in Versailles. Soireen bei der Pariser Aristokratie, öffentliche Konzerte, Druck des Opus 1, der *Sonaten für Klavier und Violine* (KV 6/7), gewidmet der Prinzessin Victoire. Am 10. April 1764 Aufbruch nach England. Mehrere Audienzen beim englischen König Georg III. Bekanntschaft und Freundschaft mit Johann Christian Bach, gemeinsames Musizieren (er «nahm den Sohn zwischen die Füsse, jener spielte etwelche tact, dann fuhr der andre fort, und so spielten sie eine ganze Sonaten»[12]). Gesangsunterricht bei dem Kastraten Giovanni Manzuoli. Prüfung durch den britischen Gelehrten Daines Barrington. Öffentliche Konzerte, mit nachlassendem Erfolg – Anlockung durch musikalische Kostproben beim Vorverkauf. Einladung in die Niederlande. Abreise aus England am 1. September 1765. Über Lille, Gent, Antwerpen und Rotterdam nach Den Haag. Vorspiel bei Hofe. Installationsfeierlichkeiten für den Prinzen Wilhelm V. von Oranien. Öffentliche Konzerte in Den Haag und Amsterdam. Abermals zwei Monate Aufenthalt in Paris, dann Reise in die Schweiz (der Plan, Italien aufzusuchen, wird zwar erwogen, aber vorerst aufgeschoben). In Lausanne Begegnung mit dem Arzt Auguste Tissot (der über die Mozarts in einer Zeitschrift referiert), in Zürich mit dem Dichter Salomon Geßner (der ihnen seine Werke schenkt). Allerorten Konzerte, Empfänge, Einladungen. Zwölftägiger Aufenthalt in Donaueschingen, mit fast täglichen Aufwartungen bei Hofe. In München wieder Audienz beim Kurfürsten, mit einer Prüfung: «Der Wolfgangl muste gleich neben dem Churfürsten ein Stück auf der Tafel componiren, davon ihm S:ᵉ Durchleucht den Anfang oder idea von ein paar Tacte vorsang, er muste es auch bey Höchstdenselben nach der Tafel im Cabinet Spielen.»[13] Am 29. November 1766 Rückkehr nach Salzburg.

Leopold Mozart hat die einzelnen Etappen dieser Tour de force selbst getreulich beschrieben, teils in Reisenotizen, teils in Briefen, die an den Freund, Hauswirt und Kreditgeber Lorenz Hagenauer gerichtet sind. Obwohl er ständig über geizige Gastgeber, schmale Erträge, gierige Wirte und teure Lebenshaltung klagt und die Reise zwanzigtausend Gulden gekostet haben soll, so scheint er doch finanziell nicht schlecht abgeschnitten zu haben; außerdem hatte er ja auch viele wertvolle Geschenke vereinnahmt. Anders steht es um die gesundheitliche Bilanz. Die Strapazen, die damals das Reisen mit sich brachte, erhöhten die körperliche Anfälligkeit. Alle Familienmitglieder, ausgenommen die Mutter, wurden von schweren, mehrwöchigen Krankheiten heimgesucht. Während des kurzen Salzburger Aufenthalts zwischen der Wiener und der westeuropäischen Reise litt Wolfgang Amadeus an Gelenkrheumatismus: Hier scheint sich ein Keim zu seiner Todeskrankheit gebildet zu haben. In Paris machte er im Februar 1764 eine schwere Angina durch. In London war der Vater für Wochen ans Krankenlager gefesselt. Dann ereilte es das Nannerl – Diagnose: Bauchtyphus. Sie wurde aufgegeben und erhielt die Letzte Ölung, konnte aber doch dem Tod entkommen. Nun griff die gleiche Krankheit auf Wolfgang über; der Vater schrieb, er sei «nicht nur absolute unkantbar», sondern habe «nichts als seine zarte Haut und kleine Gebeine mehr an sich»[14]. Und kurz vor der Heimkehr, in München, traten wieder jene tückischen Gelenkschmerzen auf.

Die vielen Konzerte mit ihren vielseitigen Programmen spannten Psyche und Physis aufs höchste an. Das Wunderkind wurde nicht nur als Pianist, sondern auch als Geiger, als Organist, Improvisator, Komponist, ja als musikalischer Zauberkünstler präsentiert.

Wenn man Schachtners Bericht glauben darf, so hat der junge Mozart Geige gespielt, ohne daß ihm je eine Unterweisung erteilt worden wäre: Er hat es nicht gelernt, er hat es gleich gekonnt. Die Funktion des Orgelpedals erklärte ihm der Vater, als ein Achsenbruch in Wasserburg, kaum daß man die Europareise angetreten hatte, eine Zwangspause auferlegte; das «Wolferl» habe «stante pede die Probe abgeleget, den schammel hinweg gerückt, und stehend preambulirt und das pedal dazu getreten, und zwar so, als wenn er schon viele Monate geübt hätte»[15]. Sein Gehör, aufs feinste ausgebildet, registrierte nicht nur minimalste Schwankungen der Tonhöhen, sondern auch, im Sinne «absoluten» Hörens, ihren exakten Stellenwert – was Vater Mozart als besondere Attraktion anpreist: «er wird . . . in der Entfernung alle Töne, die man einzeln oder in Accorden auf dem Clavier, oder auf allen nur erdencklichen Instrumenten, Glokken, Gläsern und Uhren etc. anzugeben im Stande ist, genauest benennen»[16]. Das ist dann schon kein Konzert mehr, sondern eine Experimentalschau, und die Grenze zum Varieté wird vollends überschritten bei Programmnummern, die Darbietungen auf mit einem Tuche verdeckter Klaviatur verheißen. Von nicht minder großer Anziehungskraft, aber seriöser, dürften die regelmäßig angekündigten Improvisationen gewesen sein – Ohrenzeugen berichten da wahre Wunderdinge.

Auch bei internen Examina seiner Musikalität schnitt Mozart glanzvoll ab. Wir folgen den Zeugnissen von Melchior Grimm und Daines Barrington: Mozart war ein perfekter Partiturspieler. Die Orchesterstimmen prima vista für Klavier umsetzend, sang er zugleich die Singstimme und stellte dabei seinen Vater, der bei Duetten sekundierte, an Sicherheit in den Schatten. Eine Sängerin bot eine Arie dar und enthielt ihm die Noten der Begleitung vor: Er solle extemporieren. Ohne über den Gang der Melodie Bescheid zu wissen, brachte Mozart, wenn auch mit einigen Schönheitsfehlern, ein passables Accompagnement zustande. Dann aber, nachdem sich ihm die Melodie eingeprägt hatte, bat er um mehrmalige Wiederholung und begleitete nun ganz vollendet und von Mal zu Mal variierend. Barrington ließ ihn einen Liebesgesang (auf das einzige Wort «affetto») und einen Wutgesang (auf «perfido») improvisieren. Und das alles waren Leistungen eines Kindes, das noch mitten im geistigen wie physischen Entwicklungsprozeß stand: Die Finger konnten kaum eine Sexte greifen!

Titelblatt des ersten gedruckten Werkes

Auf den Reisen entstanden zahlreiche Kompositionen – Dokumente künstlerischer wie seelischer Erfahrungen. Freilich griff – namentlich wenn es um eine Drucklegung ging – der Vater und Lehrer noch korrigierend ein und glättete. Dennoch zeigen schon diese ersten größeren Werke charakteristische Mozartsche Eigenheiten, etwa die Aufgeschlossenheit gegenüber stilistischen Einflüssen und die Fähigkeit zu schöpferischer Assimilation.

Mozart wandte sich zunächst der Violinsonate zu. Genauer gesagt: der Sonate für Klavier mit begleitender Violine; denn das Bedeutungsverhältnis im Zusammenwirken der Instrumente war damals, in jenem Zwischenstadium, das der Entthronung des Generalbasses folgte, umgekehrt als später – das Klavier gab die konstitutiven thematischen Konturen, die Violine füllte nur aus, ergänzte, ornamentierte. Als «Klavier» verstand man damals das Cembalo (Clavecin), und sein dünner Ton ließ diese Satztechnik geraten scheinen; bezeichnenderweise ging die Emanzipation des Geigenparts mit dem Vordringen des Hammerklaviers, das solche Unterstützung nicht mehr brauchte, Hand in Hand. Überdies boten die Klaviersonaten mit begleitender Violine ihres leichten Schwierigkeitsgrades wegen dem Amateur ein dankbares Feld. Die Sammlungen

18

wurden gerne gekauft, und manche Verleger richteten sogar eigenmächtig Klaviersonaten so ein.

Vier Sonaten entstanden in Paris (Teile daraus schon in Salzburg und Brüssel), sechs in London (auch erweitert zum Klaviertrio mit baßverstärkender Violoncellostimme), sechs in Den Haag; alle wurden, mit Widmungen an hochgestellte Aristokratinnen, gedruckt. In Paris erhielt Mozart wesentliche Anregungen durch Johann Schobert, einen Wegbereiter des Sturm und Drang, in London durch Johann Christian Bach, den am italienischen Stil orientierten Bach-Sohn, in Den Haag durch Werke Joseph Haydns.

Als die Mozarts Ende November 1766 nach Salzburg zurückgekehrt waren, hieß es vor allem, bei den Kindern Lücken in der Allgemeinbildung und in den musikalischen Fertigkeiten zu schließen. Vater Mozart beschäftigte sich damit ganz allein und ließ seine Kinder nie eine Schule besuchen. Sein Sohn war ein gelehriger Schüler, nicht nur auf musikalischem Gebiet. Das Nannerl bezeugt: «Als Kind schon hatte er Begierde alles zu lernen, was er nur sahe . . .»[17] Wenn Mozart später im Französischen, Italienischen, Englischen und Lateinischen gut beschlagen war, so

Das Schloß zu Salzburg, um 1730

hat die Grundlagen hierfür der Vater gelegt. Eine besondere Neigung zeigte Mozart zur Mathematik. Schachtner berichtet die folgende Anekdote: «Was man ihm immer zu lernen gab, dem hieng er so ganz an, daß er alles Uebrige, auch so gar die Musik, auf die Seite setzte, z. B. als er Rechnen lernte, war Tisch, Sessel, Wände, ia sogar der Fußboden voll Ziffer mit der Kreide, überschrieben.»[18] Aber auch zu den Schwesterkünsten hatte er ein gutes Verhältnis: Er las gern, konnte zeichnen, interessierte sich für Malerei und Bildhauerei.

Musikalische Lücken wurden vor allem im polyphonen Satz spürbar. Hier schuf Vater Mozart Abhilfe, indem er den «Gradus ad Parnassum» von Johann Joseph Fux, das kontrapunktische Standardwerk seiner Zeit, studieren ließ. Mozarts eigene kontrapunktische Übungen sind in einem Arbeitsheft überliefert. In Form eines systematischen Lehrgangs angelegt, zeigt das Heft anschaulich das Zusammenwirken von Lehrer und Schüler: Jener teilt Muster mit, stellt Aufgaben, korrigiert, dieser macht sich die Regeln zu eigen und sucht die Aufgaben sorgfältig zu lösen.

Von den Triumphen, die das Wunderkind Mozart auf den Reisen errungen hatte, war Kunde auch nach Salzburg gelangt. Nun, da Mozart wieder in der Heimat war, wollte man seine Talente nutzen. Der Landesherr, Siegmund Christoph Graf Schrattenbach, und die Universität bedachten ihn mit Aufträgen. Einer davon – vermutlich die *Grabmusik* (KV 42) – mußte in Klausur erledigt werden: Es sollte geprüft werden, ob tatsächlich alles mit rechten Dingen zuging.

Die in der ersten Hälfte des Jahres 1767 in Salzburg entstandenen Arbeiten berühren Grenzgebiete der Dramatik. Das geistliche Spiel *Die Schuldigkeit des ersten Gebotes* (KV 35) läßt Glaubensfragen von allegorischen Figuren diskutieren. In die Vertonung teilten sich drei Autoren: Mozart (Teil I), der salzburgische Konzertmeister Michael Haydn (II), der Kammerkomponist und Hoforganist Anton Cajetan Adlgasser (III). Das von Schülern des Universitätsgymnasiums aufgeführte lateinische Intermedium *Apollo et Hyazinthus* (KV 38) entpuppt sich als regelrechte «Mini»-Oper – Mozarts erste. Sie ordnet sich – wie damals üblich – als stoffliches Komplement einem Sprechstück, der Tragödie «Clementia Croesi», zu. Die *Grabmusik* ist eine für die Karwoche bestimmte Passionsmusik, die – vermutlich szenisch angedeutet – vor dem «Heiligen Grab» einer Salzburger Kirche (im Dom?) aufgeführt wurde.

Eine zweite Reise nach Wien, die Familie Mozart in der Zeit vom 11. September 1767 bis zum 5. Januar 1769 unternimmt, ist von argem Mißgeschick verfolgt. Man hatte gehofft, sich bei den Feierlichkeiten zur Vermählung der Erzherzogin Maria Josepha mit Ferdinand IV., König von Neapel, produzieren zu können. Aber es kommt ganz anders: In Wien bricht eine Pockenepidemie aus. Die siebzehnjährige Erzherzogin stirbt. Die Kinder der Mozartschen Wirtsleute erkranken an den Blattern. Familie Mozart flüchtet nach Brünn und von dort nach Olmütz. Zu spät: Der Sohn hat sich angesteckt. Kaum ist er gesundet, greift die Krankheit auf die Tochter über. Erst zu Beginn des neuen Jahres kann wieder in Wien Quartier bezogen werden. Das Kaiserpaar gewährt gnädig eine Audienz, aber das Ergebnis ist, wie Leopold Mozart beklagt, mager: «kaum wurde der Kaiserin erzehlt was mit uns in ollmitz vorgegangen, und das wir zurückgekommen, so erhielten wir den tag und Stunde wenn wir erscheinen sollten. allein was hilft alle die Erstaunliche Gnade, die unbeschreibliche Leutseeligkeit! was ist die Wirkung davon? nichts, als eine Medaille, die zwar schön ist, aber so wenig beträgt, daß ich gar nicht einmahl dessen Werth hersetzen mag. Sie überläst das übrige dem Kayser: und dieser schreibt es in das Buch der Vergessenheit ein und glaubt ganz gewiß, daß er uns mit seinen gnädigsten unterredung bezahlt habe.»[19]

Immerhin errät Kaiser Joseph II. einen ehrgeizigen Wunsch Leopold Mozarts und seines Sohnes: Er regt an, der junge Komponist solle eine Oper schreiben. Der wird sogleich damit tätig. Die geplante Aufführung von *La finta semplice* (KV 51), Mozarts erster «Buffa», verfängt sich indes in einem Netz von Intrigen. Leopold Mozart setzt eine umfangreiche Beschwerdeschrift auf, die er dem Kaiser vorlegt; aber selbst dieser kann nichts ausrichten, denn das Theater ist an einen selbständig wirtschaftenden Impresario verpachtet.

Nicht genug, daß in Wien kein Glück zu machen ist – Gefahr droht auch von Salzburg. Leopold Mozarts Landesherr und Brotgeber ordnet am 18. März 1768 an, daß ihm, sollte er nicht im April zurückkehren, wegen Urlaubsüberschreitung fürderhin kein Gehalt mehr ausgezahlt werden dürfe. Der Gemaßregelte mokiert sich über den Bescheid und erbittet, als er – erst Anfang des folgenden Jahres! – wieder in Salzburg eintrifft, nicht nur eine Aufhebung des Gehaltsstopps, sondern sogar Nachzahlung. Das erste wird ihm gewährt, das andere verweigert.

Eine Serie von Enttäuschungen – erst am Ende des Wiener Aufenthalts ergeben sich günstigere Auspizien. Das Singspiel *Bastien und Bastienne* (KV 50) wurde wohl von dem nachmals durch seine Magnetismus-Experimente berühmt-berüchtigten Arzt Dr. Anton Mesmer gefördert. Hier konnte sich der zwölfjährige Mozart an einem Stil, der seinem Vermögen entsprach, entfalten. Die Charaktere einer italienischen Buffa hatten ihm, bei aller Gewandtheit im Nachahmen, innerlich fremd bleiben müssen; im Singspiel hingegen konnte er an wohlvertrauten Volksliedton und an die ihm von Paris her geläufige Opéra comique anknüpfen. Auch die Kirchenmusik zeigt einen Qualitätssprung. Für die Kirchweih im Wiener Waisenhaus am Rennweg wurden Mozart die Festmusiken übertragen: eine *Messe* (KV 139), ein *Offertorium* (KV 117) und ein (für einen Knaben bestimmtes) *Trompetenkonzert* (verschollen). Der Komponist war sein eigener Dirigent – es war überhaupt sein erster

Siegmund Graf Schrattenbach, Fürsterzbischof
von Salzburg. Ölbild

öffentlicher Auftritt in Wien. Er produzierte sich vor einem illustren Publikum; auch die Kaiserin und der Erzbischof nahmen an den Feierlichkeiten teil. Dieser 7. Dezember 1768 entschädigte für manche Unbill. Leopold Mozart schreibt, daß die Festmesse «dasjenige, was die Feinde durch Verhinderrung der opera zu verderben gedacht, wieder gut gemacht, und den Hof und das publicum, das der Zulauf erstaunlich war, der Bossheit unserer Widersacher überführet» habe; auch sei «ein schönes present von S:ʳ Majestätt der Kayserin erfolget»[20].

Der zwölfjährige Mozart hatte sich – begünstigt nicht zuletzt durch die ausgedehnten Reisen – mit den verschiedenartigsten Stilen wohl vertraut machen können. Auch die italienische Musik, deren Statthalter damals überall in Europa residierten, kannte er bestens. Aber er war noch nicht zu ihren Quellen vorgedrungen: Die Italienfahrt, obzwar schon während der großen Westeuropa-Tournee geplant, stand noch aus. In Italien gewesen zu sein bedeutete damals für einen Musiker nicht nur die Krönung seines Studiums, sondern auch eine gute Reklame. Wer auf Erfolge in Italien verweisen konnte, wurde bei der Vergabe von Vakanzen und Aufträgen vorgezogen. Mozart kam in die Jahre, da er sich nach festem, dauerhaftem Broterwerb umsehen mußte. Nach Italien zu reisen war nicht nur ein Gebot weiterer handwerklicher Vervollkommnung, sondern auch der diplomatischen Klugheit.

Der Aufenthalt in der Heimat dauerte nur ein knappes Jahr. Nicht, daß Salzburg an dem jungen Genie uninteressiert gewesen wäre; im Gegenteil, es gab viel Zuspruch. Die Oper *La finta semplice*, deren Aufführung in Wien an Intrigen gescheitert war, hat hier ihre Premiere. Die Universität bestellt für die Jahresabschlußfeiern der Logiker und Physiker Finalmusiken. Für die Primiz des Hagenauer-Sohnes Cajetan Rupert, Mozarts Jugendfreund, der Klosterbruder geworden war, entsteht die *Pater-Dominicus-Messe* (KV 66). Am 14. November 1769 wird Mozart als unbesoldeter dritter Konzertmeister in die Hofkapelle aufgenommen. Der Landesherr gewährt für die geplante Italienreise nicht nur Urlaub, sondern auch eine finanzielle Beihilfe.

Erfahrungen in Italien und danach

Am 13. Dezember 1769 bricht Mozart mit seinem Vater nach Italien auf. Die Reise sollte gleicherweise dem weiteren Studium wie der Reputation dienen. Mozart sollte die Koryphäen der italienischen Musik kennenlernen und von ihnen lernen. Auf der Wunschliste standen gute Einkünfte, Protektion, Aufträge und – wenn irgend möglich – ein dauerhaftes Engagement. Dies waren die wichtigsten Stationen der ersten Italienreise:

Verona. Mozart konzertiert in der Accademia Filarmonica. Das Programm – typisch für derartige Tourneen – zielt darauf ab, alle Fähigkeiten ins Scheinwerferlicht zu setzen: eine Ouvertüre eigener Komposition, dann die Vorführung unbekannter Klavierwerke prima vista, Vertonung vom Publikum eingeforderter Arientexte, Singen der Arien, Improvisation kontrapunktischer Kunststücke, Vom-Blatt-Spiel eines Boccherini-Trios, Ausarbeitung eines vorgelegten Themas in Partitur. Die Accademia Filarmonica ernennt Mozart, noch während er in Italien ist, zu ihrem Ehrenkapellmeister.

Mailand. Der Generalgouverneur der Lombardei, Karl Joseph Graf Firmian, erweist sich als einflußreicher Protektor. Er schenkt Mozart die gesammelten Werke des Star-Librettisten Pietro Metastasio. Mozart komponiert Metastasio-Arien als musikdramatische Talentproben. Ihm wird ein Opernauftrag für die Karnevalsstagione 1770/71 vermittelt. In Niccolò Piccini lernt er einen Großmeister der italienischen Oper kennen, in Giovanni Battista Sammartini einen Avantgardisten der sinfonischen Form. Die Premiere der Oper *Mitridate* (KV 87) wird stürmisch gefeiert. Mozart hat inzwischen – überall wohl bewillkommnet – weitere italienische Städte bereist. In Mailand ist die Resonanz besonders groß. Er erhält für die nächste Spielzeit wiederum eine Scrittura.

Bologna. Ein erster, kurzer Aufenthalt auf der Weiterreise nach Florenz und Rom. Die Mozarts besuchen Padre Giovanni Battista Martini, den autoritativen Musiktheoretiker und Bewahrer kontrapunktischer Tradi-

Mozart in Verona. Ölbild von Saverio dalla Rosa, Januar 1770

tion. Er überzeugt sich von den Fertigkeiten des jungen Komponisten, indem er ihn aus vorgelegten Themen Fugen entwickeln läßt. Beim zweiten Aufenthalt in Bologna, er währt etwa zwölf Wochen, konsultiert Mozart den Padre Martini mehrmals in Sachen der strengen Polyphonie – Vorbereitung für eine Aufnahmeprüfung in die Komponistenklasse der Bologneser Accademia Filarmonica. Die Satzung schreibt vor, daß der Bewerber seine Kenntnisse in Klausur belegen und über das Resultat abgestimmt werden muß. Mozarts Aufgabe lautet, eine liturgische Melodie vierstimmig polyphon zu setzen. Die Lösung wird gutgeheißen und Mozart als Mitglied akzeptiert.

Florenz. Auch hier werden vor allem Mozarts kontrapunktische Fertigkeiten geprüft und erprobt. Der Hofmusikintendant Eugenio Marquis de Ligniville hat sich auf die Pflege des alten, strengen Stils spezialisiert und gilt als «der stärkste Contrapunctist in ganz Italien»[21]. Er denkt sich für Mozart komplizierte Aufgaben aus – der damit passabel zurechtkommt. Indes weiß Mozart sehr wohl, daß seine Kenntnisse noch lückenhaft sind, und er schreibt sich Kanons des Examinators ab. Er versucht sich sogar in dessen ureigenem Stil, indem er ein fünfstimmiges kanonisches Kyrie komponiert.

Rom. Sogleich nach ihrer Ankunft begeben sich die Mozarts in die Sixtinische Kapelle, um das berühmte neunstimmige doppelchörige Miserere von Gregorio Allegri zu hören. Dieses Paradestück der päpstlichen Kapellsänger sollte einzig der Sixtina vorbehalten bleiben; Abschriften anzufertigen war untersagt. Mozarts Genialität überlistet das Verbot: Er schreibt die Musik aus der Erinnerung nieder. Ein späterer zweiter Aufenthalt in Rom bringt Mozart die höchste offizielle Ehrung ein, die ihm in seinem Leben zuteil wurde: Papst Clemens XIV. ernennt ihn zum Ritter vom Goldenen Sporn. Ihm wird die Würde – wie nur noch Orlando di Lasso – in ihrem obersten Grade verliehen; Mozarts Zeitgenossen Christoph Willibald Gluck und Karl Ditters von Dittersdorf waren (obwohl sie weit mehr Wert als er auf den Titel legten) nicht vatikanische, sondern nur sogenannte lateranische Ritter.

Padre Giovanni Battista Martini. Ölbild

Mozart und Thomas Linley bei der Familie Gavard des Pivets in Florenz.
Anonymes Ölbild

Neapel. Der Aristokratie werden etliche Besuche abgestattet. Ausflüge
führen an die Stätten der wiederentdeckten antiken Kultur, nach Pompeji
und Herculaneum. Freilich wird auch der Vesuv besichtigt. Berühmte
Meister der neapolitanischen Oper gewähren Audienz: Niccolò Jommelli, Francesco di Majo, Giovanni Paisiello.

Venedig. Es ist die Zeit des venezianischen Karnevals, und sie wird in
vollen Zügen genossen. Die Nobili erweisen den Gästen bevorzugte Auf-
merksamkeit, indem sie ihnen ihre Privatgondeln zur Verfügung stellen.
Tagtäglich liegen Einladungen vor. Eine Akademie erbringt reichen Erfolg.

Die Mozarts konnten mit dem Erfolg der Italienreise zufrieden sein.
Zwar war es nicht gelungen, in eine feste Bindung zu kommen, doch zeugen die zahlreichen Aufträge von bestem Renommee. Nicht nur in Mailand, auch in Bologna, Rom und Neapel hätte Mozart eine Opern-Scrit-
tura erhalten können. Als er nach Salzburg zurückkehrt, stehen drei
wichtige Aufgaben vor ihm: eine Opera seria und eine Serenata teatrale
für Mailand und ein Oratorium für Padua zu schreiben.

Mozart als Ritter vom Goldenen Sporn. Ölbild

Die Erfolge waren mit immensen Strapazen erkauft worden. Über eine Fahrt von Neapel nach Rom berichtet Leopold Mozart an seine Frau: «Weil wir nun in diesen 27 St: unserer Reise nur 2 Stund geschlafen, und nichts als 4 gebrathne Kalte Händl im Wagen mit einem Stück Brod verzehrt, so kannst du dir unsern Hunger, durst und schlaf leicht vorstellen. unsre gute frau Uslenghi hat uns einen guten lindgekochten Reiß gegeben und wir nahmen nichts weiters als ieder ein paar lindgesottne Eyer etc.: und da wir in unser zimmer kamen, setzte sich der Wolfg: auf einen sessl nieder und fieng augenblicklich zu schnarchen und so vest zu schlaffen an, daß ich ihn völlig auszog und ins beth legte, ohne daß er nur das mindeste zeichen gab, daß er wach werden könnte, sondern er schnarchte immer fort, obwohl ich ihn zu zeiten vom sessl aufheben und wieder niedersetzen und endlich gänzlich schlaffend ins beth schleppen muste. als er nach 9 uhr morgens erwachte wuste er nicht wo er war, und wie er ins Beth gekommen; und er lag schier die ganze Nacht auf dem nämlichen Platz.»[22] Die Belastungen waren besonders heikel, weil der fünfzehnjährige Mozart in der diesem Alter gemäßen Periode körperlichen Umbruchs stand. Er entwuchs der aus Salzburg mitgeführten Kleidung, geriet in die Mutation. Überall befiel ihn Müdigkeit: *neapel und Rom sind zwey schlaffstätte*[23]; *Italien ist ein Schlafland! er schläfert einem immer!*[24] *ich bin gott lob und danck auch gesund, aber immer schläfferig.*[25] Leopold Mozart bat, als sein Sohn über der *Mitridate*-Partitur saß, die Salzburger Anverwandten und Bekannten, in ihre Briefe ja auch Späße zur Aufheiterung einfließen zu lassen!

Die Rückkehr nach Salzburg bedeutet keine Erholung, denn es gilt, rasch den Paduaner Oratorienauftrag zu erledigen und einheimischen Wünschen nach Kompositionen für Kirche und Hof zu entsprechen. Überdies ist der Aufenthalt auf nur wenige Monate beschränkt; der Auftrag, für Mailand eine Serenata teatrale zu schreiben, bedingt Präsenz am Ort der

Mozart.
Martin Knoller
zugeschriebene
Miniatur auf Elfen-
bein, 1773 (?)

Mailand: Inneres des Theaters. Stich von Marc' Antonio dal Re

Aufführung. Es war ja damals üblich, Opern im engen Kontakt mit den Sängern zu komponieren und auf ihre speziellen Fähigkeiten und Wünsche einzugehen. Mozart schreibt, er liebe es, *daß die aria einem sänger so accurat angemessen sey, wie ein gutgemachts kleid.*[26]

In Mailand steht die Hochzeit des Erzherzogs Ferdinand, eines Sohnes der Maria Theresia, mit der Prinzessin Maria Beatrice d'Este bevor. Die Kaiserin bestellt bei Johann Adolf Hasse die Festoper und bei Mozart eine «Serenata». Werke dieser Art, der Form nach szenische Kantaten, unterbreiten in allegorischem Gewand Huldigungen. Mozarts *Ascanio in Alba* (KV 111) preist im Gleichnis die durch die Hochzeit gestiftete dynastische Verbindung.

Leopold Mozart verkündet – Mitgefühl für den unterlegenen Konkur-

renten heuchelnd – den Seinen triumphalen Erfolg: «mir ist Leid, die Serenata des Wolfg: hat die opera von Haße so niedergeschlagen, daß ich es nicht beschreiben kann.»[27] Hasse selbst soll (apokrypher Überlieferung nach) geäußert haben: «Dieser Knabe wird uns alle vergessen machen.»[28] Jedoch hat Mozart auch viel von Hasse gelernt; während der Italien-Tournee versäumte er keine Gelegenheit, sich in dessen Opernstil zu vertiefen. Zwischen beiden Künstlern, dem fünfzehnjährigen, am Beginn seiner Entwicklung stehenden, und dem über siebzigjährigen, der mit dem «Ruggero» eine ruhmvolle Laufbahn beschloß, kam es in Mailand mehrfach zu freundschaftlichen Begegnungen.

Auf die Hochstimmung fallen indes auch Schatten. Der Salzburger Hof sperrt Leopold Mozart das Gehalt und ist erst Monate später, nach Eingabe eines Gesuches, zu bewegen – «jedoch ohne Consequenz vor das Künftige»[29] –, Zahlung zu leisten. Leopold Mozart bleibt nach der Aufführung des *Ascanio in Alba* noch lange in Mailand: Er erhofft für seinen Sohn eine feste Anstellung beim Erzherzog. Der zögert lange und wartet erst die Meinung seiner Mutter ab. Maria Theresia, einst freundliche Protektorin des Wunderkinds, rät ihm, er solle sich nicht mit in der Welt herumziehenden Bettlern belasten.[30]

Am 15. Dezember 1771, einen Tag nach der Rückkehr der Mozarts, wird der Tod des Erzbischofs Siegmund Christoph Graf Schrattenbach vermeldet. Im März 1772 wird Hieronymus Graf Colloredo inthronisiert. Mozart huldigt dem neuen Landesherrn mit dem Metastasio-Einakter *Il sogno di Scipione* (KV 126). Es scheint, als bahne sich ein günstiges Verhältnis an. Am 9. August 1772 wird Mozart – bisher nur nominell Konzertmeister – mit einem Jahresgehalt von einhundertfünfzig Gulden in der Hofkapelle fest beamtet. Ende Oktober begibt er sich, begleitet vom Vater, abermals nach Italien. Es war an der Zeit, sich der Scrittura für Mailand zu widmen.

Die Premiere des *Lucio Silla* (KV 135) am 26. Dezember stand unter einem schlechten Stern. Auf sechs Uhr abends festgesetzt, mußte

Hieronymus Graf Colloredo, Fürsterzbischof von Salzburg. Ölbild von Franz Xaver König. 1772

sie, als schon das Publikum vollzählig versammelt war, um zwei Stunden verschoben werden, weil der Erzherzog noch Korrespondenz zu erledigen hatte – eine harte Geduldsprobe. Mit den obligatorischen Balletten dauerte die Oper sechs Stunden – bis zwei Uhr morgens. Da der dafür vorgesehene Tenor erkrankt und kein gleichwertiger Ersatz zu finden war, mußte die Titelrolle mit einem darstellerisch unerfahrenen Kirchensänger besetzt werden. Der suchte seine Steifheit durch übertriebenes Gestikulieren wettzumachen – was nur Gelächter erregte. Der Kastrat Rauzzini wurde bei seinem Auftritt von der Erzherzogin mit ostentativem Applaus bedacht, weil er behauptet hatte, er könne sonst vor Lampenfieber nicht singen. Die Primadonna fühlte sich dadurch beleidigt; um sie zu beruhigen, mußten die Potentaten ihr tags darauf eine Privataudienz gewähren. Dennoch errang die Oper, Mozarts Berichten nach, viel Beifall und wurde sechsundzwanzigmal gegeben. Es macht freilich stutzig, daß ihm weder in Mailand noch sonst in Italien eine neue Scrittura angeboten wurde. Der Stil des *Lucio Silla* hatte bereits Eigentönung genug und verunsicherte die Konventionen italienischen Belkantos und der aristokratischen Gesellschaftskunst. Die Fortschritte in der Charakterisierung, der seelischen Vertiefung und der dramatischen Stringenz erwiesen sich als Hemmnis für die Popularität.

Wieder zögert Leopold Mozart, nachdem die Premiere vorüber und eigentlich alles erledigt ist, die Abreise lange hinaus. Um bei seinem Salzburger Herrn nicht in Ungnade zu fallen, verspricht er, den Aufenthalt zu nutzen und Musikalien zu besorgen. Auch plagt ihn angeblich ein heftiges Rheuma: Er müsse das Bett hüten und sei reiseunfähig. Alles Ausreden. Der Grund für das Dableiben liegt in einer an den Großherzog von Toskana gerichteten Offerte. Nach Salzburg wird dies in Geheimschrift, nur Eingeweihten verständlich, mitgeteilt. Abermals sind die Bemühungen, dem Sohn einen angemessenen Dienst zu verschaffen, vergeblich.

Dem Vater läßt es keine Ruhe, den Sohn ohne gesicherte Zukunft zu wissen. Hatte er doch mit ihm, der als Wunderkind eine Sensation gewesen war, mehr vor als nur einen Posten in der Hofkapelle eines Duodezfürsten. Wie paradox: Je erwachsener und selbständiger der Sohn wurde, je besser er das musikalische Handwerk beherrschte, um so weniger zeigten sich Mäzene und das Publikum geneigt. Der Widerspruch findet seine Begründung in einer veräußerlichten Kunstauffassung: Die Attraktion wurde über den Gehalt gestellt.

Nach nur vierteljährigem Aufenthalt in Salzburg geht Leopold Mozart mit seinem Sohn erneut auf Reisen, diesmal wieder nach Wien. Über den Anlaß enthalten die Briefe nur dunkle Andeutungen; gewiß sollte wieder nach festem, lohnendem Dienst Ausschau gehalten werden. Bei Hofe läßt sich nichts ausrichten: «die Kayserin waren zwar sehr gnädig mit uns, allein dieses ist auch alles.»[31] Mehrere Projekte scheinen erwogen worden zu sein – alle scheiterten. An Sympathiebezeigungen ist kein Mangel. Die beiden Mesmers, der Magnetiseur und der Schuldirektor, öffnen ihre gastfreundlichen Häuser. Mit dem berühmten Mediziner Leopold Auenbrugger wird Bekanntschaft geschlossen. Sogar der Salzburger Erzbischof, der in Wien weilt, zeigt sich von der besten Seite – er gewährt großzügig Urlaubsverlängerung.

Das alles vermag nicht darüber hinwegzutäuschen, daß die Reise ein Fehlschlag ist. Nach der Rückkehr werden in Salzburg neue Pläne geschmiedet. Als aus München der Auftrag eintrifft, für die Karnevalssaison 1775 eine Opera buffa zu schreiben, richten sich die Hoffnungen dorthin. Die Premiere von *La finta giardiniera* (KV 196) am 13. Januar schlägt bestens ein – Mozart schreibt der Mama, daß nach einer jeden Aria *alzeit ein erschröckliches getös mit glatschen, und viva Maestro schreyen*[32] anhob –; aber auch daraus ergibt sich keine neue berufliche Perspektive. Leopold Mozart glaubt sich sicher zu sein, daß seinem Sohn auch fürs nächste Jahr eine Oper übertragen wird – doch er hat unrecht. Aus seinem energischen Dementi von Gerüchten über ein Engagement am Münchner Hof spricht in Wahrheit Verbitterung. Der Salzburger Erzbischof, in München zu Besuch, zeigt sich reserviert; er kommt erst nach der Premiere an, besucht andere Opern und soll Lobsprüche auf seinen jungen Konzertmeister mit verlegenem Achselzucken quittiert haben. Ein Wettspiel Mozarts mit dem Pianisten Ignaz von Beecke scheint keineswegs mit dem gewohnten Triumph geendet zu haben; ein Rezensent bemerkt, daß Mozart zwar «sehr schwer, und alles, was man ihm vorlegt, vom Blatt weg» spielt, aber Beecke übertreffe ihn weit: «Geflügelte Geschwindigkeit, Anmuth, schmelzende Süßigkeit und ein ganz eigenthümlicher, selbstgebildeter Geschmack sind die Keulen, die diesem Herkul wohl niemand aus den Händen winden wird.»[33]

Mozart muß weiter mit Salzburg vorliebnehmen. Nicht daß es hier an Aufgaben und Resonanz gefehlt hätte: Hof, Universität, Kirche, Theater, Adel, Bürgertum brauchen Musik aller Art für die verschiedensten Zwecke. Mozart ist ein gesuchter Mann, und was er liefert, bürgt für Erfolg. Aber das Entgelt ist nur allzu bescheiden, und vor allem läßt die Ausführung Wünsche offen. Mozart hat hart die musikalisch-moralischen Qualitäten seiner Salzburger Kollegen kritisiert: *dies ist auch eins von den hauptsachen was mir Salzburg verhast macht – die grobe, lumpenhafte und liederliche Hof-Musique – es kann ja ein honneter Mann, der lebensart hat, nicht mit ihnen leben . . .*[34] Im gesellschaftlichen Verkehr halten sich die Mozarts an Adel, Geistlichkeit und Patrizier; um Leute ihres Standes machen sie einen Bogen. Sogar der Konzertmeister und achtbare Komponist Michael Haydn gilt als suspekt, weil er zu tief ins Glas schaut.

Unentwegt späht Leopold Mozart nach einem günstigeren Platz für seinen Sohn. Ein Graf Czernin aus Prag stiftet eine Rente in Höhe von neunzig Gulden jährlich, die zur Ablieferung von Kompositionen verpflichtet. Der Vertrag scheint abgeschlossen und der Betrag mindestens einmal überwiesen worden zu sein – da stirbt der Mäzen. Der Padre Martini wird angeschrieben – mit der verstohlenen Absicht, ihn für eine Protektion in Italien zu gewinnen. Mozart legt als Zeugnis seiner Beschlagen-

L. Mozart und W. A. Mozart im Salzburger

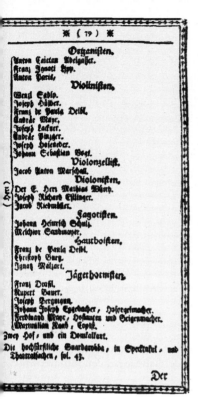

Organisten.
Anton Cajetan Adlgasser.
Franz Ignati Lipp.
Anton Paris.

Violinisten.
Wenzl Sadlo.
Joseph Hülber.
Franz de Paula Deibl.
Andrä Mayr.
Joseph Lachner.
Andrä Pinzger.
Joseph Hafeneder.
Johann Sebastian Vogt.

Violoncellist.
Jacob Anton Marschall.

Violonisten.
Der E. Herr Mathias Würth.
Joseph Richard Estlinger.
Jacob Kiebmüller.

Fagotisten.
Johann Heinrich Schul.
Melchior Sandmayer.

Hautboisten.
Franz de Paula Deibl.
Christoph Burg.
Ignaz Malizet.

Jägerhornisten.
Franz Drasil.
Rupert Bauer.
Joseph Bergaigen.
Johann Jakob Eggerhacker, Hofergelmacher.
Ferdinand Mayr, Hofkauten und Geigenmacher.
Martinalian Kand, Copist.

Zwey Hof- und ein Domkalkant.

Die hochfürstliche Guardaroba, in Spectakul- und Theatralsachen, fol. 43.

Der

Hofkalender für 1775

heit im strengen Satz eine kontrapunktische *Offertorium-Motette* (KV 222) bei. Der Padre lobt die Arbeit – doch dabei bleibt es auch. Keine Hoffnung auf Einladung, geschweige auf Anstellung.

Je länger, je mehr verschlechtert sich das Verhältnis zum Salzburger Landesherrn. Der Erzbischof war künstlerisch auf Italien eingeschworen und registrierte jede Abweichung davon als einen Makel. Bei Mozart fand er da viel zu bemängeln. Er soll sogar geäußert haben, daß dieser nichts wisse und, um die Musik zu erlernen, erst ein neapolitanisches Konservatorium besuchen müsse.

Erzbischof Hieronymus Graf Colloredo, der Landesherr und Arbeitgeber, wurde von der ganzen Familie Mozart gehaßt. Sie nennen ihn einen Tyrannen, ein «unthier»[35], einen «erzlimmel»[36]. Er wiederum heißt Mozart einen «Buben», einen «liederlichen Kerl», einen «Lumpen», «Lausbub», «Fexen»[37]. Es kommt zu jenen vielbeschriebenen dramatischen Auftritten, da Mozart, um seine Entlassung nachsuchend, vom Erzbischof mit «scher er sich weiter»[38] abgefertigt und vom Oberstküchenmeister Graf Arco gar mit einem Fußtritt zur Tür hinausbefördert wird. Mozart schreibt seinem Vater: *Nun, das heisst auf teutsch, daß Salzburg nicht mehr für mich ist; ausgenommen mit guter gelegenheit dem H. grafen wieder ingleichen einen tritt in arsch zu geben, und sollte es auf öfentlicher gasse geschehen.*[39] Der Erzbischof ließ die Post der Mozarts durchschnüffeln, so daß sie sich freimütige Gedanken nur in Geheimschrift mitteilten. Der unbotmäßige Bedienstete mußte, als er später einmal besuchsweise in Salzburg weilte, sogar Arretierung befürchten – war er doch nicht in Gnaden entlassen worden.

Erzbischof Graf Colloredo sah in dem jungen Genie nur einen Angestellten, den er bezahlte und der pünktlich seinen Pflichten nachzukommen hatte. Wollte er doch, aufklärerisch gesinnt, mit der in Salzburg ein-

Der «Tanzmeistersaal» im Wohnhaus der Familie Mozart in Salzburg

gerissenen Lotterwirtschaft aufräumen. Mit Urlaub war er nicht so frei-
gebig wie sein Vorgänger – aber auch der hatte ja bei den Mozarts schon
Anlaß zur Relegierung gehabt!

Sorgfältig bereitet Leopold Mozart seinen Sohn auf eine neue große
Tournee vor. Er hält ihn nicht nur zu eifrigem Komponieren an, sondern
auch zu weiterem Studium der Stile und Gattungen – zahlreiche eigen-
händige Kopien zeugen davon. Das Üben auf dem Klavier, der Orgel und
der Violine wird darüber nicht vernachlässigt. Schüler werden ihm vermittelt, damit er pädagogisches Geschick erwerbe. Der Vater achtet auf
Vervollkommnung der Sprachkenntnisse und überhaupt der Allgemeinbildung. Wie sehr ihm ordentliche, planvolle Lebensführung am Herzen
liegt, zeigt sich auch darin, daß er seine Kinder ein gemeinsames Tagebuch anlegen läßt.

Wie bei der Westeuropa-Tournee zu viert zu reisen verbot sich schon
aus finanziellen Gründen. Der Vater beabsichtigte den Sohn zu begleiten. Nachdem ein Urlaubsgesuch der beiden abgelehnt worden war und
der Sohn, um überhaupt freizukommen, seine Entlassung genommen
hatte, entscheidet Leopold Mozart, die Mutter mitzuschicken. Sie soll vor
allem über die Reiseorganisation und die Ausgaben wachen. Kein gleichwertiger Ersatz für den Vater – aber ein unbedingt nötiger Beistand für
den in diesen Dingen ziemlich unerfahrenen, ja leichtfertigen Sohn.

Eine Schaffensbilanz

Mozart hatte, quantitativ gemessen, bis 1777, bis zu seinem einundzwanzigsten Lebensjahr, schon fast die Hälfte seines Lebenswerkes geschaffen. An die dreihundert Werke fast aller Gattungen lagen vor.

Musikdramatik. Der junge Mozart bewährt sich an der Gattung in allen ihren verschiedenen Formen: Schulspiel, Opera seria, theatralische Serenata, Singspiel, Opera buffa, Schauspielmusik. Teils erfüllt er die verbindlichen Muster, teils bleibt er hinter ihnen zurück, teils überwindet er sie aber bereits und löst sich von einengender Konvention. Gewiß kommt es vor, daß Mozart, psychologisch noch unerfahren, sich gelegentlich im Ausdruck vergreift und das, was das Wort meint, nicht trifft. Andererseits begegnen Stellen, wo die Musik den Text vertieft, ihn gleichsam veredelt und in Bereiche vorstößt, die konventioneller, schablonenhafter Sprache verschlossen sind. Von Anfang an zeigt sich sein beachtlicher Bühnensinn, Gespür für dramatische Effekte. Davon zeugen gerade auch Werke, die – Grenzfälle der Musikdramatik – zwar in sich eine Handlung enthalten, sie aber nicht szenisch darstellen. Hier können sogar stärkere dramatische Kräfte aufbrechen als bei Bühnenstücken. Die herkömmliche, in Formeln erstarrte Librettotechnik und Aufführungspraxis legen der Musik Fesseln an. Ist es hingegen der Phantasie überlassen, sich die Geschehnisse vorzustellen, kann die Musik, ohne Rücksicht auf mögliche Gebrechen des theatralischen Apparats, die Dramatik in aller Unmittelbarkeit hervorkehren.

Kirchenmusik. In seinem Brief an den Padre Martini schreibt Mozart am 4. September 1776: *Unsere Kirchenmusik ist durchaus verschieden von der in Italien und weicht immer mehr ab. Eine Messe mit Kyrie, Gloria, Credo, der Sonata zur Epistel, dem Offertorium oder Mottetto, dem Sanctus und Agnus Dei, auch die feierlichste, darf – wenn der Erzbischof selbst das Hochamt hält – höchstens drei Viertelstunden dauern. Diese Art von Komposition braucht ein besonderes Studium. Und dabei muß es eine Messe mit allen Instrumenten, Trompeten, Pauken usw. sein.*[40] Die Ver-

knappung – eine Ordre des rationalistisch gesinnten Erzbischofs, der die Musik dem Wort gegenüber einschränkte – zog stilistische Folgen nach sich. Zwar bleibt es bei dem bereits Mozarts frühesten Kirchenmusiken immanenten Widerspruch zwischen Galanterie und Gelehrtheit – jene nun bereichert durch das Erlebnis der italienischen Oper, diese durch die Kenntnis des Martinischen Kontrapunkts –; doch muß das artistische Dekor beschnitten und alles ganz konzentriert ausgedrückt werden.

Eine Besonderheit der Salzburger Kirchenmusik sind die Sonaten zur Epistel. Dabei stand die barocke Sonata da chiesa Pate; indes ist ihr Charakter hier ganz verweltlicht: Mozarts Epistelsonaten würden ebensogut zu höfischen Soireen passen. Dem durch den Erzbischof Hieronymus Graf Colloredo dekretierten Salzburger Kirchenstil entsprechend, mußten auch sie sich der Kürze befleißigen; sie sind allesamt einsätzig und drängen die Sonatenform auf ein knappes Ausmaß zusammen. Mozart hat siebzehn solcher Sonaten komponiert, meist in der traditionellen Triobesetzung für zwei Violinen, Baß und Orgel.

In den vier Litaneien, die zwischen 1771 und 1776 entstanden sind, konnte sich Mozart hingegen von liturgischen Bindungen (und den besonderen Salzburger Restriktionen) frei fühlen. Innerem Antrieb vertrauend, legte er in diese ausgedehnten Bittgesänge Empfindsamkeit hinein – ohne virtuose Ansprüche aufzugeben.

Sinfonien. In der Zeit vom Beginn der ersten italienischen Reise bis zur Entlassung aus dem Salzburger Dienst hat Mozart, teils in Italien, teils in der Heimat, an die dreißig Sinfonien komponiert. Den Umständen ihrer Entstehung nach öffnen sie sich entweder mehr italienischen oder wienerisch-salzburgischen Einflüssen. In ihrem Stil passen sie sich zunächst durchaus der offiziösen höfischen Ästhetik an: kultivierte Unterhaltung – keine Seelenbeichte. Doch drängte die Entwicklung zur Subjektivierung und zu stärkerem Pathos. Der Sturm und Drang hält auch in der Sinfonie Einzug. Mozart wurde zu seinem neuen, verinnerlichten Sinfoniestil gleicherweise durch persönliche (auch erste erotische) Erschütterungen wie durch Vorbilder geleitet.

Mit der 1772 entstandenen *g-Moll-Sinfonie* (KV 183) erfolgte der Durchbruch. Demselben Jahr ordnet sich die emotional tieflotende *Musik zu «König Thamos»* zu. Möglich, daß auch die *g-Moll-Sinfonie* ein Reflex der ausgelösten ethischen Auseinandersetzungen ist. Das äußere Vorbild setzt Joseph Haydn, dessen längst spürbarer Einfluß hier nun mit aller Deutlichkeit hervortritt. Haydn hatte in den endsechziger Jahren in derselben (damals seltenen) Besetzung mit vier Hörnern eine g-Moll-Sinfonie komponiert.

Der Dom zu Salzburg. Stich von Melchior Küsell, um 1680

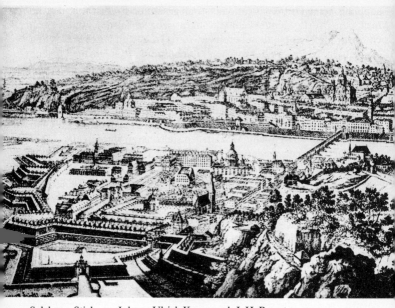

Salzburg. Stich von Johann Ulrich Kraus nach J. H. Perrety

Serenaden. Adel und Bürgertum stellten der Musik bei Festivitäten und Huldigungen, öffentlichen wie privaten, reizvolle Aufgaben. Es kam dabei darauf an, festliche Gehobenheit mit Unterhaltsamkeit zu verbinden. Mozart schreibt leicht faßliche, eingängige und doch in den Mitteln wählerische Unterhaltungsmusik. Die angestrebte Popularität wird nicht mit Lässigkeit erkauft.

Werke dieser Art haben sehr verschiedene Bezeichnungen: Serenade, Divertimento, Finalmusik, Cassation, Notturno – Musik zum Abend, zur Unterhaltung, zum (Universitäts-)Abschluß, zum Abschied, zur Nacht. Die Termini benennen keine feste Gattung, geschweige denn Form; sie können sogar als Synonyme erscheinen. Auch ihre ursprüngliche Bedeutung hat nicht immer Geltung: Die Anlässe für das Musizieren können andere als die durch den Titel ausgedrückten sein. Schließlich kann sogar – wie in einigen von Mozarts späten Serenaden – der Charakter geselliger Unterhaltung dem problembeschwerten persönlichen Bekenntnis weichen.

Mozart komponiert seine Divertimenti, Serenaden und Notturni vornehmlich in und für Salzburg. Allein 1776 entstanden neun solcher Werke. In Salzburg war es von alters her üblich, festliche Anlässe mit eigens bestellter Musik auszuschmücken.

Konzerte. Mozart war ein exzellenter Geiger. Freilich versah er sein Amt als Konzertmeister in der Hofkapelle nicht mit besonderer Freude; ihn den Violinisten zuzuweisen, empfand er als Verkennung seines Genies – Kapellmeister hätte er sein wollen!

Um seine Fähigkeiten recht beweisen zu können, schuf sich Mozart für die Geige ein eigenes Repertoire. Alle fünf der als unzweifelhaft echt anerkannten Violinkonzerte entstanden Mitte der siebziger Jahre in Salzburg. Der Solist kann klanglich und technisch glänzen, ohne daß ihm je akrobatische Mätzchen zugemutet würden. Mozart hat einmal einen Violinvirtuosen damit gelobt, daß er *kein hexenmeister, aber ein sehr solider geiger* [41] sei – ein Urteil, in dem sich die eigenen Absichten spiegeln.

Es überrascht, daß Mozart, von Kind an gefeierter Klaviervirtuose, sein erstes Klavierkonzert erst 1773, als Siebzehnjähriger, komponierte. Allerdings hatte er sich für seine Tourneen schon Klavierkonzerte nach Klaviersonaten französischer Komponisten (1767) und Johann Christian Bachs (etwa 1770) eingerichtet. Durch solche mit der Unterstützung des Vaters entstandenen Adaptionen – Umarbeitungen für Soloinstrument und Orchester – konnte er sich rasch zugkräftige Programmnummern schaffen.

In seinem ersten eigenen *Klavierkonzert D-Dur* (KV 175) knüpft Mozart stilistisch an gleichartige Werke Georg Christoph Wagenseils und Johann Christian Bachs an. Läßt hier schon eine starke Originalität aufhorchen, so tritt diese vollends hervor in dem *Es-Dur-Konzert* (KV 271) des Jahres 1777. Mozart schrieb es für die französische Pianistin Jeunehomme, die in Salzburg Station gemacht hatte. Sei es, daß die Virtuosin den Ehrgeiz potenzierte, sei es, daß das Werk in eine Phase stilistischen Umbruchs, sprunghafter Vertiefung der Ausdrucksmittel fiel – Mozarts Meisterschaft zeigt sich in höchster Qualität. Das Bestreben, Außergewöhnliches zu geben, ist spürbar bis ins kleinste Detail.

Streichquartette. Bei einem Aufenthalt in einem Wirtshaus in Lodi auf der Fahrt von Mailand nach Bologna komponierte Mozart am 15. März 1770 um sieben Uhr abends – wie penibel auf dem Autograph vermerkt ist – sein erstes *Streichquartett G-Dur* (KV 80). In Mailand hatte er Giovanni Battista Sammartini – einen Pionier der Gattung – kennengelernt; es scheint, daß er sich darin selbst umgehend beweisen wollte. Wie bei Sammartini liegt noch der Schatten der barocken Triosonate auf dieser Musik, und die gleichberechtigte Individualisierung der vier Stimmen steht aus: Die beiden Violinen dominieren, das Violoncello gibt nach Continuoart, ohne thematisch stärker hervorzutreten, das Fundament, die Viola lehnt sich teils hier, teils dort an. Mozart scheint mit diesem Versuch aber recht zufrieden gewesen zu sein. Ursprünglich – nach Sammartinis Art – dreisätzig, wurde das Quartett 1773 oder 1774/75 um ein «Rondeau» als Finale ergänzt. 1777 nahm Mozart das Manuskript auf seine Reise nach Paris mit und hielt es in Mannheim im März des nächsten Jahres einer Abschrift und der Weitergabe für wert.

Als Mozart im Winter 1772/73 zur Aufführung seines *Lucio Silla* wieder nach Italien kam, komponierte er binnen weniger Wochen eine Serie von sechs *Streichquartetten* (KV 155–160). Wenn man Leopold Mozart, der seinen Sohn begleitete, glauben darf, so hat dieser während seines Aufenthaltes in Bozen aus reiner Langeweile mit einem Quartett begonnen. Die weiteren Werke dürften in Mailand entstanden sein, vor und nach der Premiere der Oper. Stilistisch färben die hier gesammelten Erfahrungen ab: Im Umfeld empfindsamer Tönung mischen sich nachgerade tragische Züge ein. Ob dies von Modellen zugetragen war oder eigenem Erlebnis entsprang (es wird von einer «romantischen Krise» gesprochen), sei dahingestellt; unüberhörbar jedenfalls ist eine gewisse Rebellion gegen Herkömmliches, modisch Geglättetes. Giovanni Battista Sammertini hat hier wohl nur den äußeren Anreiz gegeben; immerhin entspricht die durchweg befolgte Dreisätzigkeit seinem Vorbild.

Als Mozart im Herbst 1773 Wien besuchte, komponierte er eine zweite Serie von sechs *Streichquartetten* (KV 168 – 173). Vater Mozart dürfte auf eine Veröffentlichung spekuliert haben – die aber nicht zustande kam –; jedenfalls ist er für die Ordnung der einzelnen Teile zum Zyklus verantwortlich. Stilistisch setzt die Serie, obwohl nur wenige Monate von der vorherigen getrennt, einen Einschnitt. Mozart hatte – und zwar wahrscheinlich erst in Wien – Haydns Quartettreihen op. 17 (1771) und op. 20 (1772) kennengelernt. Besonders bedeutsam war das Opus 20 – die sogenannten «Sonnenquartette» –, wendet Haydn hier doch im Bestreben um Gleichberechtigung der vier Stimmen fugische Prinzipien aufs Quartett an. Freilich reißt dabei ein Widerspruch auf: nämlich der zwischen den modernen Sprachmitteln und der archaisierenden Satztechnik. Daß Mozart dies nun sozusagen aus zweiter Hand aufnimmt, ist zusätzlich problematisch. Andererseits steht außer Frage, daß er durch die Beschäftigung mit Haydn in der diskursiven Darlegung musikalischer Gedanken («thematische Arbeit») weitergekommen ist. Gewiß, hier zeigt sich noch ein Versuchsstadium, aber gerade das Experimentelle, auch mit gelegentlichen «Brüchen», wirkt aufregend.

Klaviersonaten. Der Klaviersonate hat sich Mozart relativ spät zugewandt. Meister der Improvisation, der er war, brauchte er seine Gedanken nicht aufzuschreiben, sondern konnte sie im Konzert extemporieren. Vier frühe, verschollene Sonaten, entstanden 1766 oder 1769, scheinen der Schwester zugedacht gewesen zu sein. Zwei Sonaten aus dem Jahre 1768, zweistimmig gesetzt, können zwar klavieristisch ausgeführt werden, waren ursprünglich aber wohl gar nicht fürs Klavier bestimmt.

Sicheren Boden hat man erst mit den sechs *Klaviersonaten* (KV 279 bis 284) aus den Jahren 1774/75. Mozart bereitete sich auf eine neue Konzertreise vor. Nun, da er nicht mehr als Wunderknabe bestaunt wurde, wollte er seine Gedanken fixieren, um gerade durch ihre Konzentriertheit zu überzeugen und gegen Ausschweifungen der Phantasie, wie sie beim Improvisieren leicht unterlaufen, gefeit zu sein. Tatsächlich hat er die Sonaten auf der Reise oft vorgetragen.

Verglichen mit den Streichquartetten von 1773, geben sich die Klaviersonaten, in ihrer Faktur jedenfalls, unkompliziert. Sie sollten zuvörderst Effekt machen – und erreichen ihr Ziel ohne Übertreibungen. Stets fordert Mozart vom Ornament auch eine strukturelle Funktion. Bisweilen gibt er sich einer geradezu meditativen Insichgekehrtheit hin, etwa im Adagio der *Es-Dur-Sonate* (KV 282). Diese Sonate sticht auch von der Satzfolge her ab: Dem Adagio als Kopfsatz folgen zwei Menuette und diesen ein Allegro.

Stilistisch ging Mozart außer von den Sonaten der Italiener von Joseph Haydn aus. Die *D-Dur-Sonate* (KV 284) als letzte der Serie – ein vermutlich im Februar/März 1775 in München entstandener Nachzügler – ist dem Freiherrn Thaddäus von Dürnitz gewidmet. Hier ist die klavieristische Bravour spürbar intensiviert. Die Begegnung mit dem Pianisten von Beecke, der durch manuelle Akrobatik das Publikum verblüffte, war Anlaß, schärfer auf Virtuosität hinzulenken und die moderne Klaviertechnik voll auszuschöpfen – ohne freilich, und hierin besteht der Unterschied, Ausdrucksdichte, Sinnzusammenhang zu opfern.

Ein Mensch mit
seinem Widerspruch

Maria Anna Mozart, das «Nannerl», schreibt dem Biographen Friedrich von Schlichtegroll über ihren Bruder, daß er «klein, hager, bleich von Farbe, und ganz leer von aller Prätenzion in der Physiognomie und Körper»[42] gewesen sei. Sie stellt ihn als «ein kleins doch proportionirtes» und «recht Hübsches» Kind dar; erst nachdem ihn die Blattern befallen hätten und vor allem nachdem er von Italien zurückgekommen sei, habe er «die welsche gelbe Farbe» bekommen, «die ihn ganz unkenntlich machte»[43]. Auch in anderen Erinnerungen wird auf Kleinheit, Dürre, Blässe, Unansehnlichkeit hingewiesen. Der Arzt Joseph Frank beschreibt Mozart als «kleinen Mann mit dickem Kopf und fleischigen Händen»[44]. Der Biograph Georg Nikolaus Nissen weist auf eine gute Proportioniertheit des Körpers, der Hände und Füße hin; der Kopf indes sei im Verhältnis zum Körper zu groß gewesen.[45] Im Gesicht stach, bevor es füllig wurde, die Nase stark hervor; eine Zeitung soll, Nissen zufolge, einmal vom «enorm benas'ten Mozart»[46] geschrieben haben. Die anatomischen Besonderheiten des Ohres, auf die Nissen aufmerksam macht[47] – Fehlen der Ohrläppchen, Entstellung der Ohrmuschel –, sind umstritten. Das Auge beschreibt Nissen als «mehr matt als feurig, ziemlich gross und gut geschnitten, mit sehr schönen Augenbrauen und Wimpern»[48]. Es mag stimmen, daß Mozart nie eine Brille benutzt hat; wenn Nissen indes erwähnt, daß seine Augen «gut und scharf» gesehen hätten[49], steht dies im Widerspruch zu einer Äußerung Leopold Mozarts über das «kurze Gesicht» seines Sohnes.[50] Die Hände fand Constanze «so weich und so schön geformt wie Frauenhände»[51]. Nissen bewundert, daß Mozart mit fürs Klavier ungünstiger manueller Veranlagung doch virtuos spielen konnte. Von der Stimmlage her war er Tenor; er soll sehr leise gesprochen und zart gesungen haben, konnte aber bei Erregung die Stimme in Stärke und Energie hinein steigern.

Schon Mozarts erste Biographen machen für die körperliche Zurückgebliebenheit übermäßige Geistesanstrengung von frühester Jugend an verantwortlich. Franz Xaver Niemetschek bemerkt, daß Mozart seit seinem sechsten Lebensjahr an eine sitzende Lebensweise gebunden gewe-

Konzert mit Wolfgang Amadeus Mozart.
Zeichnung von Johann Joseph Zoffany (?)

sen sei. Überdies habe die Neigung zu Nachtarbeit und der sich oft ergebende Zwang, unter Terminnot rasch zu arbeiten, dem Körper geschadet. Eine der Hauptursachen für den frühen Tod wird in der Überarbeitung erkannt.

Was die Natur versagt, sucht Mozart durch Eleganz wettzumachen. Er entwickelt ein geradezu fetischistisches Verlangen nach erlesener, auffälliger Kleidung. In einem Brief begeistert er sich für einen *schönen rothen frok*, welcher ihn *ganz grausam im herzen kitzelt*; detailliert erläutert er die aparten Knöpfe, die er für ihn ausersehen hat.[52] Er resümiert: *Ich möchte alles haben was gut, ächt und schön ist!*[53] Der Sänger Michael O'Kelly berichtet, daß Mozart bei einer Opernprobe in einem «karmoisinroten Mantel» und einem «mit goldener Schnur versehenen hohen Hut» erschienen sei.[54]

An die Küche stellte er wenig Ansprüche; Sauerkraut und Knödel aß er am liebsten. Gern sprach er dem Punsch zu – nicht zuletzt als Stimulans für geistige Schwerarbeit. Auch ist überliefert, daß er im letzten Lebensjahr oft ein Wiener Bierhaus besuchte. Ihn aber als Trinker zu bezeichnen dürfte Verleumdung sein. Dabei war Mozart durchaus kein Asket; für Vergnügungen hatte er viel übrig. In Salzburg enthusiasmierte er

Schützenbildchen aus dem Besitz Leopold Mozarts

sich für Bölzelschießen. Der kleine Schützenverein, dem die Mozarts angehörten, pflegte gleicherweise Sport wie Geselligkeit. Die Mitglieder hatten die Scheiben, nach denen geschossen ward, reihum zur Verfügung zu stellen und sie mit aktuellen Anekdoten in Bild und Vers zu versehen. Je treffender und übermütiger der Spott, um so größer der Beifall. In seiner Korrespondenz kommentiert Mozart manche der Bildchen – Zeichen für den Spaß, den sie bereiteten.

In Wien fand Mozart Zerstreuung wie sportlichen Ausgleich beim Kegeln, Reiten und Billardspiel. Besonders dem Billard war er fanatisch zugetan; es wird berichtet, daß es ihn mehr interessiert habe, wenn ein berühmter Billardspieler als wenn ein berühmter Musiker in Wien eintraf – dieser würde schon zu ihm kommen, aber jenen suchte er auf. Er soll mit hohem Einsatz und ganze Nächte hindurch gespielt haben. Obwohl knapp bei Kasse, kaufte er sich einen eigenen teuren Billardtisch. Tagtäglich war ihm seine Frau Spielpartnerin. Ob aber Billard, Reiten, Kegeln: Der schöpferischen Phantasie war auch durch Zerstreuung nicht Ruhe zu gebieten. Im Gegenteil, sie wurde sogar angeregt; Mozart soll bei solchen sportiven Spielen kompositorisch gut aufgelegt gewesen sein und in den Pausen zur Notenfeder gegriffen haben.

Weitere leidenschaftlich betriebene Vergnügungen waren Tanz und Maskerade. Mozarts Frau Constanze soll ihn als einen «Tanzenthusiasten»⁵⁵ bezeichnet und sogar gemeint haben, daß sein Geschmack in dieser Kunst noch eher hervorträte als in der Musik. Er besuchte gern Bälle und arrangierte, als er in Wien im Wetzlarschen Haus über große Räumlichkeiten verfügte, selbst welche. Einer dauerte, wie Mozart seinem Vater berichtete, dreizehn Stunden – von sechs Uhr abends bis sieben Uhr morgens!

Gern treibt Mozart Schabernack. Seine Laune schlägt die verwegensten Kapriolen. Toller, gewagter Unsinn wird angestellt. Mozart schlüpft ins Gewand des Narren. Er setzt geistreich-witzige Pointen, schockiert aber auch durch Platitüden, Kalauer, Zoten. Er sagt als Narr Wahrheiten, entlarvt Phrasen und Heuchelei durch Parodie. Oft genug spaßt er auch nur um des Spaßes willen. Es konnte geschehen, daß er – wie eine Anekdote berichtet – sich im schönsten Improvisieren am Klavier unterbrach, auffuhr und «in seiner närrischen Laune, wie er es öfters machte, über Tisch und Sessel zu springen, wie eine Katze zu miauen und wie ein ausgelassener Junge Purzelbäume zu schlagen»⁵⁶ begann.

Vielfach greift Mozart aus Scherz zum Reim. Er bemüht sich nicht, sorgfältig Verse zu drechseln, sondern zieht Witz gerade aus der Holprigkeit. Er bedient sich vorsätzlich plattester Reime, sucht nicht etwa lange nach dem passenden Wort, sondern nimmt das, das ihm gerade einfällt, und opfert der Form den Sinn. Absurde, komische Gedankensprünge sind das Resultat. Da heißt es in einem gereimten Postskriptum an den Salzburger Freund Heinrich W. von Hefner:

ich hoff wir werden sie noch in Salzburg antreffen, wohlfeuler freünd.
ich hoff sie werden gesund seyn, und nicht mir seyn spinnefeünd,
sonst bin ich ihnen fliegenfeünd
oder gar wanzenfreund
also ich rathe ihnen bessere verse zu machen, sonst komm
ich meiner lebtag zu salzburg nicht mehr in Dom,
dan ich bin gar Capax zu gehen nach Constant-
-inopel die doch allen leuten ist bekandt
hernach sehen sie mich nicht mehr, und ich sie auch nicht, aber
wen die Pferd hungrig sind, gieb man ihnen einen haber
leben sie wohl.   Ich bin zu aller Zeit
*sonst werd ich toll   Von nun an bist in Ewigkeit*⁵⁷

Da bei Mozart alles nach Musik drängte, transzendieren die geselligen Scherze auch in Kompositionen. Für etliche solcher Stücke gab die mit Mozart freundschaftlich verbundene Familie Jacquin den Anstoß. Eines Tages wollte man gemeinsam ausgehen; indes vermißte Constanze ein neues Band, das sie geschenkt erhalten hatte. Man suchte es, Gottfried von Jacquin war der glückliche Finder, aber er machte sich, als größter von den dreien, einen Spaß daraus, das Band hoch über sich zu schwenken und danach haschen zu lassen. Auf Vorschlag der Jacquins schrieb

Aus einem Brief Mozarts an das «Bäsle»

Mozart darüber das sich am Wiener Dialekt und an parodistischem Buffostil delektierende *Bandl-Terzett* (KV 441).

Von alters her ist der Kanon als eine Hauptform geselligen Musizierens auch ein Tummelplatz für Späße. Auch Mozart hat etliche scherzhafte Kanons geschrieben. Der Ulk, der in den Texten liegt, wird gleichsam veredelt durch eine artifizielle kompositorische Faktur. Obwohl diese Stücke meist an heute im Dunkel verschwundene Personen und Gegebenheiten gebunden sind, haben sie doch ihren Anlaß überlebt.

Da gibt es Kanons, mit denen Freunde und Bekannte gefrotzelt werden. Der Freystädter alias Gaulimauli, ein Schüler Mozarts, wird spöttisch so angesprochen: *Lieber Freistädtler, lieber Gaulimauli, liebes Stachelschwein, wo gehst du hin?* Derberen Spaß hat der Tenor Johann Nepomuk Peierl zu schlucken: *O du eselhafter Peierl, o du peierlicher Esel, du bist so faul als wie ein Gaul, der weder Kopf noch Haxen hat. Mit dir ist gar nichts anzufangen, ich seh dich noch am Galgen hangen, du dummer Gaul, du bist so faul, du dummer Paul, du bist so faul als wie ein Gaul. O lieber Freund, ich bitte dich, o leck mich doch geschwind, geschwind im Arsch, o leck, o leck, o leck mich doch geschwind, geschwind im Arsch. Ach, lieber Freund, verzeihe mir, den Arsch, den Arsch petschier ich dir, Peierl, Nepomuk, Peierl, verzeihe mir!* Der Kanon gleitet am Schluß in ziemliche Kraftworte hinein. Im idealisierten, glatten Mozartbild hätten sie gestört. Schon Mozarts Witwe veranlaßte textliche Retuschen und die Verstümmelung von Briefen. Tatsächlich wurden Texte unterschlagen oder (in Kompositionen) durch neue ersetzt. Sogar wissenschaftliche Editionen, wie die alte Gesamtausgabe, verrieten hier ihre Grundsätze.

In einem Brief an den Vater schreibt Mozart, auf dessen Vorwurf antwortend, er gehe zu leichtfertig durchs Leben: *ich bin gern lustig, aber seyen sie versichert, daß ich troz einem jedem Ernsthaft seyn kan.*[58] Es scheint, daß Mozart bei der gewaltigen geistigen Anstrengung bisweilen Kurzweil brauchte, um seine Gedanken entspannen und sodann um so intensiver sammeln zu können.

Vater Mozart bittet, als sein Sohn über schwerer Arbeit schwitzt, um möglichst lustige Korrespondenz aus Salzburg. Er selbst erhält später vom Sohne die Mahnung: *Ich bitte Sie, schreiben Sie mir keinen so traurigen Brief mehr – denn – ich brauche dermalen ein heiteres Gemüth – leichten kopf – und lust zum arbeiten – und das hat man nicht wenn man trauerig ist...*[59]

Mozarts Schwager Joseph Lange weiß den Widerspruch zwischen der Würde des Werkes und den Platitüden am treffendsten zu deuten. Er schreibt in seinen Erinnerungen: «Nie war Mozart weniger in seinen Gesprächen und Handlungen als ein großer Mann zu erkennen, als wenn er gerade mit einem wichtigen Werke beschäftigt war. Dann sprach er nicht nur verwirrt durcheinander, sondern machte mitunter Späße einer Art, die man an ihm nicht gewohnt war, ja er vernachlässigte sich sogar absichtlich in seinem Betragen. Dabei schien er doch über nichts zu brüten und zu denken. Entweder verbarg er vorsätzlich aus nicht zu enthüllenden Ursachen seine innere Anstrengung unter äußerer Frivolität, oder er gefiel sich darin, die göttlichen Ideen seiner Musik mit den Einfällen platter Alltäglichkeit in scharfen Kontrast zu bringen und durch eine Art von Selbstironie sich zu ergötzen. Ich begreife, daß ein so erhabener Künstler aus tiefer Verehrung für die Kunst seine Individualität gleichsam zum Spotte herabziehen und vernachlässigen könne.»[60]

Mozarts Lebensführung wurde, widersinnigerweise, von seinen positiven moralischen Qualitäten gefährdet. In eine Umwelt gestellt, die Gewiegtheit, Mißtrauen, Heuchelei verlangte, mußte er versagen. Er ging sorglos mit dem Gelde um, vertraute seinen Mitmenschen, teilte Gefühle und Gedanken ohne Verstellung mit. Sein Vater hingegen kannte sich genau aus in den Schlichen, die, wollte man sich durchsetzen, angewendet werden mußten. Die Weltfremdheit des Sohnes bereitete ihm wachsende Besorgnis. Ausführlich analysierte er dessen Verhalten und erteilte Lebensratschläge. Aus dem Tadel, den der Vater ausspricht, tritt als Positivbild der Charakter des Sohnes hervor.

Schwächen erwuchsen aus einem gewissen Laisser-faire in der Lebensplanung, aus einem In-den-Tag-Hineinleben. Mozart führt dafür, als Ausrede, religiöse Beweggründe ins Feld. Sein Vater verwahrt sich energisch dagegen, sich gleichfalls auf die Religion – so wie er sie verstand – berufend: «daß du mein Sohn mir aber schreibst, daß alle Speculationen überflüssig sind, und nichts nützen, daß wir doch nicht wissen werden was geschehen wird; das ist in der That ohne alle Überlegung in den Tag hinein gedacht – und gewiß unbesonnen hingeschrieben. Daß alles nach dem Willen Gottes geschehen wird und muß, wird kein vernünftiger Mensch, will nicht sagen Christ, läugnen. folgt aber daraus, daß wir blind dahin handeln und für alles ohnbesorgt leben, keine Anstalten treffen und nur abwarten sollen, bis etwas oben von sich selbst beym Dache hereinfliegt? – – Verlangt nicht Gott selbst und die vernünftige Welt von uns, daß wir bey allen unsern Handlungen die Folgen und daß Ende nach unsern menschlichen vernunftskräften zu überlegen und so viel uns möglich vorauszusehen uns bemühen sollen? –»[61]

Die Sorglosigkeit hatte schlimme ökonomische Folgen. Mozart verstand mit dem Gelde schlecht zu wirtschaften. Was er vereinnahmte, war bald in nichts zerflossen. Wohl war er eine Zeitlang auf Sparsamkeit bedacht und konnte sogar ein wenig Kapital anhäufen; aber die guten Vorsätze währten nur kurz. Als Notzeiten kamen, mußten Schulden gemacht werden. Das Ende sah traurig aus.

Als Mozart die erste Reise ohne den Vater unternimmt, sucht er diesen brieflich zu beruhigen: *ich bin der andere Papa. ich gieb auf alles acht.*[62] Am Schluß dieser seiner ersten Nachricht muß er aber bereits erkennen, daß ihm eine grobe Fahrlässigkeit unterlaufen ist: Er hat seine «Decreter», die Diplome und Zeugnisse, unentbehrlich bei den bevorstehenden Bewerbungen, vergessen!

Immer wieder sieht der Vater sich gehalten, auf Ordentlichkeit zu dringen. Er bemängelt den Hang zur Saumseligkeit, zum Auf-die-lange-Bank-Schieben. Dem Sohn wird sogar die Versicherung abgerungen, daß er *nicht den Müssiggang liebe, sondern die arbeit . . .*[63] Das Komponieren ging keineswegs stets so leicht von der Hand; Momente der Trägheit hemmten. So unerheblich dies angesichts des immensen Lebenswerkes erscheint – der Schaffensprozeß war nicht frei von inneren Widerständen, deren Überwindung Selbstzucht verlangte.

Alle Energie konzentrierte Mozart auf sein Werk. Diese Sammlung bedeutete auf anderen Gebieten Vernachlässigung. Den Gefahren des Lebens stand er ziemlich schutzlos gegenüber. Er kapitulierte hier rasch. Seine Stellung zur Welt war nicht die vom Vater anempfohlene spekulative, sondern eine naive.

Mozarts Schwester schreibt: «ausser der Musick war und blieb er fast immer ein Kind; und dies ist ein HauptZug seines Charakters auf der schattigten Seite; immer hätte er eines Vatters, einer Mutter, oder sonst eines Aufsehers bedarfen . . .»[64]

Wiederholt warnt der Vater vor Egozentrik und Arroganz – und vor Offenherzigkeit und Gutmütigkeit. Die gegensätzlichen Verhaltensweisen finden sich im Charakterbild zu dialektischer Einheit zusammen – die eine wird durch die andere bedingt.

Übereinstimmend schildern die Zeitgenossen Mozart als freundlich, wohlwollend, hilfsbereit. Alles positive moralische Eigenschaften – die aber, konsequent befolgt, damals (und heute?) nur zum eigenen Schaden ausschlagen. Melchior Grimm, wohlbewandert im Intrigenspiel, in seiner geschickten diplomatischen Art Leopold Mozarts Vorbild, muß konstatieren, daß dem Sohn alle jene Fähigkeiten abgehen, die, im Kampf um Karriere, den verschlagenen, in allen Listen erfahrenen Konkurrenten gegenüber nötig gewesen wären: «. . . il est zu treuherzig»[65]. Mozarts Freundlichkeit wurde gewissenlos ausgenutzt. Viele Kompositionen schrieb er aus Gefälligkeit, ohne auch nur einen Heller dafür zu kassieren. Er, der selbst Protektion nötig gehabt hätte, müht sich um die Protegierung anderer. Selbst tief verschuldet, kann er den flehentlichen Bitten eines Freundes nicht widerstehen, borgt ihm – und wird um die Tilgung der Schuld geprellt.

Mozart schwankte zwischen Extremen. Er konnte sich für eine Sache restlos begeistern – oder lehnte sie entschieden ab. Er wollte seine Ziele schnell erreichen – oder gar nicht. Er arbeitete mit aller Besessenheit – oder legte die Hände in den Schoß. Wieder fällt der Vater ein treffendes charakterliches Urteil: «. . . ich würde ganz beruhiget sein, wenn ich nur nicht bei meinem Sohne einen HauptFehler entdeckte, und dieser ist, daß er garzu gedultig oder schläferig, zu bequem, vielleicht manchmal zu stolz, und wie sie dieses alles zusammen taufen wollen, womit der Mensch ohnthätig wird: oder er ist zu ungedultig, zu hitzig und kann nichts abwarten. Es sind zween einander entgegen stehende Sätze die in ihm herrschen – zu viel oder zu wenig und keine Mittelstrasse. Wenn er keinen Mangel hat, dann ist er alsogleich zufrieden und wird bequem und ohnthätig. Muß er sich in die activitet setzen, dann fühlt er sich, und will alsogleich sein Glück machen. Nichts soll ihm im Weg stehen: und, leyder, werden eben nur den geschicktesten Leuten, den besondern genies die meisten Hindernisse in den Weeg gelegt.»[66]

Mozarts Gefühl reagierte empfindlich auf Reize. Emotionale Erlebnisse konnten ihn völlig aus der Bahn werfen. Sogar das, was er selbst im Kunstwerk gestaltet hatte, konnte ihn bei der Reproduktion bis zum psychischen Schock erschüttern. Mary Novello übermittelt eine Erinnerung von Mozarts Frau Constanze an den gemeinsamen Gesang eines Quartetts aus dem *Idomeneo*: «Da wurde er von einer Gemütsbewegung so übermannt, daß er in Tränen ausbrach und das Zimmer verlassen mußte, und es dauerte lange, ehe sie ihn beruhigen konnte.»[67] Als Mozart die *Zauberflöte* komponiert und seine Frau in Baden zur Kur weilt, wünscht er sie sehnlich herbei. Das Gefühl ist so übergroß, daß es ihn völlig niederwirft: *gehe ich ans Klavier und singe etwas*

Constanze Mozart, 1783. Lithographie nach einer in Wien
gemalten Miniatur

aus der Oper, so muß ich gleich aufhören – es macht mir zu viel Empfindung –.[68]

   Schon frühzeitig drängen sich Mozart Gedanken über das Ende des
Lebens auf. Die christliche Religion verheißt Auferstehung in einer besseren Welt. Mozart, im Glauben erzogen, hält sich an diese Hoffnung.
Als ihm mitgeteilt wird, daß eine Salzburgerin sterbenskrank darniederläge, spendet er, vierzehnjährig, naiven Trost: *... dann der willen gottes ist*

allzeit der beste, und gott wird schon besser wissen ob es besser ist zu seyn auf dieser welt oder in der andern, aber sie solle sich trösten, indem sie Jezt von den Regen in das schöne wetter kommen kan . . .[69] Als Einunddreißigjähriger erfährt er von der schweren Krankheit des Vaters. Seine tröstlichen Worte offenbaren eine geradezu bestürzende Gefaßtheit. In der Blüte seines Lebens wird Mozart von Todesahnungen befallen. Er erhofft sich vom Tode, was ihm das Leben verwehrt. Die fatalistische Feststellung, wonach man sich Glück nur einbilden könne, wird religiös umgedeutet: . . . *da der Tod/: genau zu nemmen:/ der wahre Endzweck unsers lebens ist, so habe ich mich seit ein Paar Jahren mit diesem wahren, besten freunde des Menschen so bekannt gemacht, daß sein Bild nicht allein nichts schreckendes mehr für mich hat, sondern recht viel beruhigendes und tröstendes! und ich danke meinem gott, daß er mir das glück gegönnt hat mir die gelegenheit/: sie verstehen mich:/ zu verschaffen, ihn als den schlüssel zu unserer wahren Glückseeligkeit kennen zu lernen. – ich lege mich nie zu bette ohne zu bedenken, daß ich vielleicht/: so Jung als ich bin:/ den andern Tag nicht mehr seyn werde – und es wird doch kein Mensch von allen die mich kennen sagn können, daß ich im Umgange mürrisch oder traurig wäre – und für diese glückseeligkeit danke ich alle Tage meinem Schöpfer und wünsche sie vom Herzen Jedem meiner Mitmenschen.*[70]

Von der Liebe erhofft sich Mozart die menschliche Erfüllung. Dem Freund Gottfried von Jacquin, dem er *kleine Straf-Predigten* wegen dessen *etwas unruhiger Lebensart* halten muß, gibt er zu bedenken: *ist das vergnügen einer flatterhaften, launigsten liebe, nicht himmelweit von der Seeligkeit unterschieden, welche eine wahre, vernünftige liebe verschafft?*[71] Er verachtet aber gar nicht den Flirt und schreibt: . . . *wenn ich die alle heyraten müsste, mit denen ich gespasst habe, so müsste ich leicht 200 frauen haben.*[72]

Der Vater, zur Nüchternheit neigend, sah in dem unberechenbaren Faktor Liebe eine der schwersten Gefahren für die Laufbahn seines Sohnes. Bei den Mahnungen, die er ihm auf den Weg gab, standen die vor der weiblichen Verführungskraft an erster Stelle: «Vom Frauenzimmer will ich gar nicht einmal sprechen, dann da braucht es die grösste Zurückhaltung und alle Vernunft, da die Natur selbst unser feind ist, und wer da zur nötigen Zurückhaltung nicht aller seiner Vernunft aufbiethet, wird sie alsdann umsonst anstrengen sich aus dem Labirinth herauszuhelfen; *ein Unglück, das sich meistens erst mit dem Todt endet.* Wie Blind man aber oft durch anfangs nichts zu bedeuten habende Scherze, Schmeicheleyen, Spasse etcetc: anlauffen kann, darüber sich die nach der Hand erwachende vernunft schämt, magst du vielleicht selbst schon ein wenig erfahren haben; ich will dir keinen Vorwurf machen.»[73]

Leopold Mozart sprach in den Wind. Die Liebe stürzte in Konflikte, die die Karriere verbogen, zeitweilig lethargisch machten, zur Entfremdung von Vater und Sohn führten. Indes wirkte sie auch mächtig auf die künstlerische Gestaltungskraft ein. Ausdruck und Form versagen sich die Formel und suchen die neuen Erfahrungen in ihrer Besonderheit zu packen.

Der Vater vermochte diese Positiva nicht zu erkennen; er registrierte nur mit Erschrecken Ungehorsam, die Abweichung von seinen Plänen und sogar Auflehnung gegen sie. Er hatte geglaubt, den Sohn vor den Schlingen des Eros bewahren zu können, bis sich dieser eine gesicherte Existenz geschaffen hatte und eine gute Partie in Aussicht stand. Weder das eine noch das andere erfüllte sich – und trotzdem sollte geheiratet werden. Mozart führt, listig das Nützlichkeitsdenken des Vaters ansprechend, alle möglichen pragmatischen Gründe ins Feld: *die Natur spricht in mir so laut, wie in Jedem andern, und vieleicht läuter als in Manchem grossen, starken limmel. Ich kann ohnmöglich so leben wie die Meisten dermaligen Jungen leute. – Erstens habe ich zu viel Religion, zweytens zu viel liebe des Nächsten und zu Ehrliche gesinnungen als daß ich ein unschuldiges Mädchen anführen könnte, und drittens zu viel Grauen und Eckel, scheu und forcht vor die krankheiten, und zu viel liebe zu meiner gesundheit als daß ich mich mit hurren herum balgen könnte; dahero kann ich auch schwören daß ich noch mit keiner frauens-Person auf diese art etwas zu thun gehabt habe. – denn wenn es geschehen wäre, so würde ich es ihnen auch nicht verheelen, denn, fehlen ist doch immer dem Menschen Natürlich genug, und einmal zu fehlen wäre auch nur blosse schwachheit, – obwohlen ich mir nicht zu versprechen getraute, daß ich es bey einmal fehlen bewenden lassen würde, wenn ich in diesem Punckt ein einzigesmal fehlte. – darauf aber kann ich leben und sterben. ich weiß wohl daß diese ursache/: so stark sie immer ist:/ doch nicht erheblich genug dazu ist – Mein Temperament aber, welches mehr zum ruhigen und häüslichen leben als zum lärmen geneigt ist – ich der von Jugend auf niemalen gewohnt war auf meine sachen, was Wäsche, kleidung und etc.: anbelangt, acht zu haben – kann mir nichts nöthigers denken als eine frau. – Ich versichere sie, was ich nicht unnützes öfters ausgebe, weil ich auf nichts acht habe. – ich bin überzeugt, daß ich mit einer frau/: mit dem nämlichen einkommen, daß ich allein habe:/ besser auskommen werde, als so. – und wie viele unütze ausgaben fallen nicht weg? – man bekommt wieder andere dafür, das ist wahr, allein –, man weis sie, kann sich darauf richten, und mit einem Worte, man führt ein ordentliches leben. –*[74]

Als er dies schrieb, war Mozart fünfundzwanzig Jahre alt. Schwer zu entscheiden, was Wahrheit war und was nur den Vater blenden sollte. Bezeichnenderweise werden hinter den physischen und ökonomischen Gründen die seelischen versteckt. Sie aber dürften den eigentlichen Antrieb gegeben haben. Mozart glaubte in Constanze einen Menschen gefunden zu haben, der ihn verstand, ihn ergänzte, ihn menschlich – und künstlerisch – voranbrachte.

Selbstfindung

Am 23. September 1777, sechs Uhr morgens, bricht Mozart mit seiner Mutter von Salzburg aus zu einer anderthalbjährigen Reise auf. Was erhofft man sich davon? Der Vater hat es später einmal in einem Brief eindringlich so angemahnt: «die Absicht der Reise, und zwar die nothwendige Absicht, war, ist, und muß seyn einen dienst zu bekommen oder geld zu erwerben.»[75]

Erste Station: München. Sondierung beim Hofmusikintendanten Graf Seeau und beim Grafen Zeill, Bischof von Chiemsee, wegen eines Engagements. Begegnung mit dem Kurfürsten. Lakonischer Bescheid: *«ja mein liebes kind, es ist keine vacatur da. mir ist leid. wen nur eine vacatur da wäre.»*[76] Die Reserve ist auch darin begründet, daß der Salzburger Erzbischof, ein Landesnachbar, nicht verstimmt werden sollte; der Kurfürst erkundigt sich bei Mozart, warum er denn nicht in Salzburg bleibe, ob er Streit gehabt habe.

In München wurden Opern in deutscher Sprache als Übersetzungen italienischer oder französischer Werke gegeben. Es wäre an der Zeit gewesen, es auch mit original deutschen Opern zu versuchen. Der Hofmusikintendant will Mozart als ständigen Opernkomponisten gewinnen, freilich für nur mageres Gehalt: dreihundert Gulden. Durch Benefizvorstellungen hätte sich der Betrag auf mindestens ansehnliche achthundert Gulden steigern lassen. Mozart schwebt ein Kontrakt vor, der ihn alljährlich zu vier(!) deutschen Opern, teils heiterer, teils ernster Art, verpflichtet. Das Projekt bleibt aber liegen.

Ein anderer Plan geht von dem musikliebenden Gastwirt Franz Joseph Albert aus, bei dem die Mozarts abgestiegen sind. Er macht sich anheischig, zehn Mäzene zusammenzubringen, die Mozart gemeinsam eine Pension aussetzen würden. Käme noch ein Zuschuß des Hofmusikintendanten hinzu, ergäbe sich wiederum der Betrag von achthundert Gulden, von dem sich in München schon leben ließe. Aber dieser Vorschlag, bürgerlicher Initiative entsprungen, stößt auf energischen Widerstand des Vaters, der darin eine Entwürdigung sieht und zu althergebrachter höfischer Einbindung drängt.

Anna Maria Mozart, geb Pertl. Ölbild, um 1775

Der Kurfürst hatte einem von Mozarts Gönnern zu verstehen gegeben, der junge Komponist solle sich erst einmal in Italien prominent machen. Die Abweisung hatte also auch den Grund, daß der Bewerber noch nicht über genügend Prestige verfügte. Die italienischen Erfolge waren nicht recht publik geworden. Nur zu gern hätte Mozart wieder für Italien gearbeitet. Aber wie dort Fuß fassen? Da bietet sich in München unerwartet ein Protektor an: Joseph Mysliveček. Schon von seinen Italienfahrten her kannte Mozart den tschechischen Komponisten, der dort einen guten Ruf hatte. In München trifft ihn Mozart unter mißlichen Umständen in einem Hospital an – er laboriert an einer venerischen Krankheit. Mysliveček, umworben von italienischen Impresarios, will die ihm fürs nächste Jahr angetragene Neapolitaner Karnevalsoper Mozart überlassen. Seine Fürsprache hat indes keinen Erfolg. Auch Leopold Mozart versucht vergeblich, in Italien Verbindungen anzuknüpfen. An dem enttäuschenden Ergebnis der ersten Reisestation ist nichts zu ändern.

Die Reise geht weiter nach Augsburg, der Geburtsstadt des Vaters. Auch hier Enttäuschungen, Ärgernisse. Der Stadtpfleger läßt den Besucher wie einen Lakaien warten und behandelt ihn herablassend. Sein Sohn verspottet sogar den päpstlichen Orden, den Mozart trägt. Der Musikverein der Patrizier klagt über die schlechte Finanzlage; jedenfalls sei für ein Konzert keine Gage aufzutreiben. Daß dennoch eine (mager honorierte) Soiree zustande kam, ist der Vermittlung von Freunden zu verdanken, die, evangelischen Glaubens, auf diese Weise nicht zuletzt die abweisenden Katholiken beschämen wollten. Eine öffentliche Akademie bringt nur geringe Einnahmen. Jedenfalls warf der Aufenthalt in Augsburg keinen Gewinn ab, sondern brauchte noch Zuschuß. Blieben

München im 18. Jahrhundert

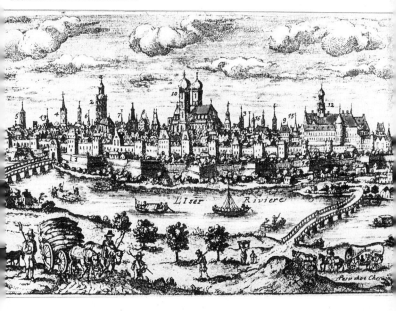

Mannheim: Paradeplatz mit dem «Pfälzer Hof».
Stich von (Johann Anton?) Riedel, 1779

nur einige herzliche menschliche Begegnungen: mit den musikliebenden
Geistlichen des Stifts Sankt Peter, mit dem Klavierbauer Johann Andreas Stein, mit dem zu Flirt und Spaß aufgelegten «Bäsle».

Die Hoffnungen richten sich nun auf Mannheim. Hier war ein Zen-
trum des deutschen Kulturlebens entstanden. Die Mannheimer Hofkapelle, Sammelpunkt tschechischer Musikemigranten, hatte sich sogar eu-
ropäischen Ruf erworben. Der englische Musikhistoriker Charles Burney schrieb von einer «Armee von Generälen, gleich geschickt, einen
Plan einer Schlacht zu entwerfen, als darin zu fechten»[77]. Die Diszipli-
niertheit im Zusammenspiel suchte ihresgleichen. Johann und Carl Sta-
mitz, Franz Xaver Richter, Anton Fils, Ernst Eichner, Franz Beck, Christian Cannabich, Ignaz Holzbauer – um nur die bedeutendsten «Mannheimer» zu nennen – hatten sich als Interpreten wie auch als Komponisten einen Namen gemacht. Ihre Musik nimmt Tendenzen des Sturm und
Drang auf. Dramatische Elemente dringen in die Instrumentalmusik ein.
Das vielbestaunte Mannheimer Crescendo ist nur einer von etlichen neu-
en (oder neu angewendeten) Effekten. Die Aufspaltung des Affekts, der
thematische Gegensatz als Bauprinzip stoßen Tore zu einem neuen musikalischen Denken auf. Auf der Negativseite steht, daß das Neue noch
nicht den nötigen formalen Schliff hat und insbesondere die Details zu
wünschen übrig lassen.

Das Mannheimer Opernschaffen war ebenfalls innovativ. Hier hatte
sich die deutsche Oper – im Gegensatz zu der sonst in Deutschland domi-

nierenden italienischen – eingenistet. Mit «Alceste», Text von Christoph Martin Wieland, Musik von Anton Schweitzer, war 1773 der Anfang gemacht worden. 1776 folgte vom Hofpoeten Anton von Klein und dem Hofkapellmeister Ignaz Holzbauer der nicht nur sprachlich, sondern auch stofflich deutsche «Günther von Schwarzburg». Ein drittes Werk ist in Vorbereitung, als Mozart nach Mannheim kommt: «Rosamunde», wieder eine Gemeinschaftsarbeit von Wieland und Schweitzer. Mozart hilft sogar bei der Einstudierung aus und lernt Wieland persönlich kennen.

Die Bewerbung bei Hofe verläuft abermals negativ. Zwar findet Mozart in Hofkapellmeister Christian Cannabich, dem Direktor der Instrumentalmusik, einen warmen Fürsprecher, aber der Hofmusikintendant, Joseph Anton Graf Seeau, verhält sich reserviert, und der Kurfürst zieht aus mehrfach huldvoll gewährtem Lob keine Konsequenz. Mozart sucht sich als Klavierlehrer zu empfehlen, indem er vor dem Kurfürsten die Fähigkeiten der Komtesse und des jungen Grafen begutachtet und für beide Kompositionen schreibt – vergeblich. Man drückt sich um eine Entscheidung, läßt lange warten. Schließlich, nach fünf Wochen, auf erneutes Antichambrieren nur ein bedauerndes Achselzucken des Hofmusikintendanten.

Nun müssen andere Wege sondiert werden. Böte Paris nicht gute berufliche Aussichten? Mozart hätte Gelegenheit, sich einigen Mannheimer Musikern anzuschließen, die dort gastieren wollen. Der Vater zeigt sich, wenn ihm auch klar ist, daß sein Sohn nicht aus purer Freundschaft, sondern wegen seiner nützlichen pianistischen Fertigkeiten mitgenommen werden soll, aufgeschlossen. Die Mutter, die die weite Reise für ihr Alter zu beschwerlich, aber auch zu teuer findet, soll nach Salzburg zurückkehren. Leopold Mozart entwirft genaue Reisepläne, bemüht sich um Empfehlungsschreiben, stellt Adressen zusammen.

Welche Möglichkeiten gäbe es noch? Mozart hat gehört, daß in Wien eine deutsche Oper eingerichtet und ein junger talentierter Kapellmeister gesucht wird. Er bittet den Vater um Recherchen. Das Ergebnis ist wenig ermutigend: Ein Wiener Gewährsmann gibt zu verstehen, daß es sich bei der deutschen Oper nur um einen Versuch handle; die Hofmusik sei an leitenden Kräften komplett, eine Bittschrift zwecklos. Hingegen stünde es natürlich frei, eine Oper gleichsam als Probestück vorzulegen – ein Vorschlag, der Mozart, da er doch kein Irgendwer mehr war, beleidigen mußte.

Umsichtig besorgt läßt Leopold Mozart sogar durchblicken, daß eine Rückkehr ins verhaßte Salzburg erwogen werden müsse. Der Hoforganist Adlgasser war gestorben – böte sich nicht an, sein Nachfolger zu werden? Diplomatisch sucht Leopold Mozart dies dem Sohn schmackhaft zu machen. Er berichtet von wiederholten Anfragen des Oberhofmeisters, die er abschlägig beschieden habe. Er will hervorkehren, daß er nicht um die Stelle bettelt. Indes ist ein empfehlender Unterton unüberhörbar.

Mozart geht auf die Andeutungen nicht ein. Er sucht in Mannheim zunächst seine arg strapazierten Finanzen aufzubessern. Im Auftrag eines holländischen Musikliebhabers schreibt er für die Flöte – obwohl er das Instrument gar nicht leiden mag. Einem Offizier erteilt er Unterricht im Generalbaßspiel. Beim Hofkammerrat Serrarius beziehen die Mozarts, um nicht weiter teure Hotelkosten berappen zu müssen, Privatquartier; die Tochter des Hauses erhält als Entgelt Klavierstunden.

Leopold Mozart sieht in Mannheim noch nicht alles verloren. Er baut auf die Fürsprache des Padre Martini. Als er ihm wunschgemäß das Porträt seines Sohnes schickt, knüpft er daran die Bitte um Empfehlung. Aber die Spekulationen erledigen sich bald von selbst. Der Kurfürst von Bayern stirbt; sein Nachfolger ist der Kurfürst von der Pfalz. Der Hof wird nach München übersiedeln, Mannheims kultureller Glanz verblassen.

Diese Auspizien ergeben sich zur Jahreswende 1777/78. Sie hätten die Reise nach Paris beschleunigen müssen. Indes tritt unerwartet ein Ereignis ein, das alle wohldurchdachten Vorhaben in Frage stellt: Mozart verliebt sich. Seine Überlegungen zielen nun in ganz andere Richtung.

Leopold Mozart hatte empfohlen, sein Sohn solle sich allerorts um gute Kopisten kümmern, damit er bei Vorsprachen, Gastspielen und Bewerbungen Abschriften seiner Werke als Empfehlung zurücklassen könne. In Mannheim findet er in Fridolin Weber einen willigen Helfer. Weber hatte, nachdem seine Karriere als Amtmann durch Intrigen und Verleumdungen gescheitert war, am Mannheimer Hoftheater als Baßsänger, Kopist und Souffleur ein Unterkommen gefunden. In den Adern der Familie pulste Theaterblut: Die vier Weberschen Töchter hatten alle beachtliches musikalisches Talent – Josepha, Aloysia und Sophie wurden Opernsängerinnen, auch Constanze ist öffentlich aufgetreten. Fridolin Webers Bruder war Eutiner Hofkapellmeister, Prinzipal einer Wanderbühne – Vater von Carl Maria von Weber!

Mozarts Sympathie wurde durch die damals sechzehnjährige Aloysia erregt. Er rühmt seinen Schwarm als vortreffliche Sängerin; ihr Cantabile insbesondere sei unvergleichlich. Zwar fehle ihr noch die schauspielerische Erfahrung; ansonsten aber habe sie durchaus das Zeug zur Primadonna. Als er mit Aloysia und ihrem Vater den musikliebenden Hof von Kirchheimbolanden besucht, tut er in derben Reimereien der Mutter brieflich kund, wieviel besser es doch sei, mit den Webers zu reisen als mit den Mannheimer Musikern. Dem Vater gegenüber werden hingegen, unter listiger Anrufung seines Moralgefühls, ernsthafte Gründe ins Feld geführt: Die Mannheimer Musiker hielten nichts auf Religion. Welches Vergnügen, auch moralisch, mache indes die Bekanntschaft mit Webers, mit – wie es in einem Brief heißt – *grund-Ehrlichen, gut katholischen und Christlichen leüten!*[78]

Der Reiseplan nimmt nun ganz andere Gestalt an. Nicht Paris soll das

Joseph Lange und
Aloysia, geb. Weber.
Stich von Daniel Berger
nach Joseph Lange, 1785

Ziel sein, nein – Italien! Und natürlich mit den Webers! Mozart, der doch
selbst Protektion nötig hätte, will sich, ganz von dem Wunsch erfüllt, der
Geliebten und den Ihren zu helfen, zum Gönner der Familie aufschwin-
gen. Er sieht Aloysia als umjubelte Primadonna und sich selbst als ge-
fragten Opernschreiber. Er möchte, nicht zuletzt, um zu imponieren, zeigen, was in ihm steckt und über welche einflußreichen Verbindungen er
verfügt. In Wahrheit muß er den Vater um Hilfe anflehen, daß er ihm in
Italien den Boden bereite. Auch von anderen Reisen – in die Schweiz,
nach Holland – ist die Rede. Ein Besuch in Salzburg als Reisestation wird
angekündigt, selbstredend mit der ganzen Weberschen Familie. Wie sollte das den Vater nicht freuen?

Der reagiert schroff ablehnend. Er schreibt, daß er dieser Hiobsbot-
schaft wegen die ganze Nacht nicht habe schlafen können und ihm die
Worte vor Mattigkeit nur langsam aus der Feder flössen. Will der Sohn
seine eigene Karriere zugunsten fremder Leute verraten? Will er die El-
tern, denen er so viel zu verdanken hat, im Stich lassen? Weiß er nicht,
daß man, um in Italien als Primadonna brillieren zu können, erst ausgie-
big Bühnenerfahrungen in Deutschland gesammelt haben muß und daß
es einflußreicher, gewiegter Fürsprecher bedarf, um an italienischen
Bühnen überhaupt anzukommen? Und wie schwer läßt sich eine Scrittura erwirken – waren doch die bisherigen Anfragen nicht einmal einer
Antwort gewürdigt worden! Zu glauben, in der Schweiz und in Holland

durch Konzerte Kapital sammeln zu können, ist abwegig – ganz abgesehen davon, daß sich solche Tourneen für einen Komponisten, der etwas auf sich hält, nicht schicken. Will der Sohn in Salzburg für Spott, Gelächter und Verachtung sorgen? Sein Brief sei wie ein Roman geschrieben. Leopold Mozarts Forderung, mit allem Nachdruck vorgetragen, lautet: «Fort mit Dir nach Paris! und das bald, setze dich grossen Leuten an die Seite – aut Caesar aut nihil . . .»[79]

Der Vater spart nicht mit Vorhaltungen. Er resümiert den bisherigen Verlauf der Reise und kreidet, nicht ohne Bissigkeit, alle Verfehlungen an, die ihm zu Ohren gekommen sind. Auch die Mutter wird in den Tadel einbezogen: Warum fehlt es an Vertrauen und Aufrichtigkeit zu ausführlichen, wahrheitsgetreuen Berichten? Indes waren ihr die Zügel der Erziehung entglitten. In einem ihrer Briefe erwähnt sie, daß sich beim Sohn Bartwuchs einstelle und bald der Barbier bemüht werden müsse. Die Pubertät wirkt sich auch psychisch aus und ermutigt zu Selbständigkeit. In einer Nachschrift zu Mozarts bestürzender Eröffnung bemerkt die Mutter, daß sich der Sohn lieber bei anderen Leuten als bei ihr aufhalte und Einwendungen nicht gern höre. Sie deutet an, es sei ratsam, daß sie ihn nach Paris mit begleite. Leopold Mozart nimmt den Rat an, besorgt um neue Phantastereien des Sohnes, und gibt den Befehl: Mutter und Sohn sollen zusammenbleiben.

Mozart hat seinem Vater gegenüber der Zuneigung zu Aloysia nur verklausuliert Ausdruck gegeben, aber dieser versteht sofort: Sie ist der wahre Grund für die Irritationen. Es kennzeichnet ihn als klugen Taktiker, daß er, um nicht von vornherein um den Erfolg seiner Mahnungen zu kommen, diesen verwundbarsten Punkt des Sohnes schont. Er warnt zwar vor den Frauen – aber mehr nur allgemein. Er will sich sogar gefällig erweisen, indem er empfiehlt, Aloysia solle bei dem Mannheimer Tenoristen Anton Raaff – einem Meister seines Faches, der in Italien über beste Verbindungen verfügt – Unterricht nehmen. Auch will er von den für die künftige Primadonna erbetenen Arien Abschriften anfertigen lassen und sie schicken.

Der Brief des Vaters verfehlt nicht seine Wirkung. Mozart zieht seine Pläne, die er mit so viel Enthusiasmus vorgetragen hat, zurück. Er habe ohnehin mit Ablehnung gerechnet, nie ernsthaft an die Verwirklichung gedacht, sich in bessere Umstände hineingeträumt, in solcher Berauschung die Realität vergessen. Allerdings regt sich auch, sehr vernehmbar, Widerspruchsgeist: Er sei kein kleiner Bub mehr, und der Vorwurf, er habe dem ernsten Zweck der Reise durch fortlaufende Spaßereien geschadet, sei nur damit zu entschuldigen, daß er offenbar einer ersten Zornesaufwallung entsprungen sei.

Der kompositorische Ertrag der Mannheimer Monate beschränkt sich im wesentlichen auf Stücke, die aus Gefälligkeit oder (widerwillig) im Auftrag geschrieben wurden. Die Pioniertaten der Mannheimer auf sinfo-

nischem und musikdrama-
tischem Gebiet beeindruk-
ken Mozart, ungeachtet
ungleichen Wertes, tief.
Aber er eignet sie sich zunächst nur zögernd an. Es
scheint, daß der Einsturm
der künstlerischen wie
seelischen Erlebnisse erst
Zeit zur Klärung braucht.

Mozart begibt sich unter
dem Zwang des väterli-
chen Befehls ziemlich miß-
mutig nach Paris. Er muß
die Geliebte zurücklassen
und fürchtet, sie zu verlie-
ren. Die Fehlschläge, die
sich einstellen, bestärken
ihn nur in der Meinung,
daß mit dem Reiseziel Pa-
ris eine falsche Wahl ge-
troffen worden sei. Er entwickelt wenig Aktivität,
um sein Los aufzubessern,
glaubt gegen das (falsch
gelenkte) Schicksal ohne-
hin nicht aufkommen zu
können. Schon die Fahrt
steht unter einem schlechten Stern: Sie spannt Ge-
duld und Kraft aufs äußerste an. In Paris scheint sich

Friedrich Melchior von Grimm.
Aquarell von Louis de Carmontelle, 1758

zwar, nicht zuletzt dank der Protektion des Barons Melchior Grimm, alles
gut anzulassen. Der Direktor der Concerts spirituels beauftragt Mozart,
ein Miserere von Holzbauer durch neue Vokalsätze, vornehmlich Chöre,
zu bereichern; die in Paris weilenden Mannheimer Bläser erbitten, um sich
wirksam produzieren zu können, ein Paradestück; Ballettmeister Jean
Georges Noverre stellt Zusammenarbeit in Aussicht und vermittelt
Opernlibretti; der Duc de Guines läßt seine Tochter im Tonsatz unterrich-
ten und erteilt einen Kompositionsauftrag; Jean Joseph Rudolph, Ballett-
komponist und Waldhornist, offeriert das Versailler Organistenamt. Aber:
Die Ergänzungsstücke zu Holzbauers Miserere werden nur teilweise (und
anonym) aufgeführt und somit um ihren Vorzeigewert gebracht; die Pre-

miere einer «Sinfonie concertante» scheitert an Intrigen; Noverre, selbst in Ränke verwickelt, weiß die Projekte (bis auf ein leichtgewogenes Ballettchen) nicht durchzusetzen; die talentlose Kompositionsschülerin bringt Mozart schier zur Verzweiflung, und ihr Vater zahlt säumig; das Organistenamt erscheint als zu gering dotiert und überdies einem Kapellmeister nicht angemessen.

Mozart muß erfahren, daß ihn die Pariser Hautevolee nicht mehr so wie einst als Wunderkind hätschelt. Man läßt ihn, wenn er in die Salons bestellt ist, lange warten, entwertet sein Spiel durch fortwährendes Plaudern. Visiten, zu denen der Vater brieflich mahnt, werden eingestellt, weil sie, der weiten Entfernung wegen, zu beschwerlich und zu teuer sind und nichts als leere Komplimente einbringen. Klavierstunden zu geben empfindet Mozart als Vergeudung seines Talents; auch Vorhaltungen des Vaters vermögen da nichts zu fruchten.

Anna Maria Mozart hat ihrem Sohn, obwohl sie natürlich nicht, wie es das Familienoberhaupt getan hätte, in die Intrigen eingreifen und fachlich fundierten Rat geben konnte, getreulich beigestanden. Der Sohn will und muß seinen eigenen Weg gehen. Er hat Geschäfte zu erledigen, soupiert oft auswärts; die Mutter bleibt in freudlosem, anfangs finsterem und engem Quartier zurück, ohne Gesell? gkeit, schlecht verpflegt. Sie erkrankt, genest, läßt sich, wie damals üblich, zur Ader, erleidet einen Rückfall, verliert das Gehör und phantasiert, fällt in Bewußtlosigkeit, stirbt. Der Sohn hat Bedenken, dem Vater die Schreckenskunde unvermittelt zu melden. Die Mutter ist schon tot, da schreibt er ihm erst von Krankheit, freilich so schwerer, daß kaum noch Hoffnung bestünde. Gleichzeitig teilt er einem Freund der Familie die Wahrheit mit und bittet, den Vater vorsorglich vorzubereiten. Dieser nimmt die Nachricht mit Schmerz, aber auch gefaßt auf, kann sich indes nicht versagen, nach Schuldigen zu suchen: Er klagt den Erzbischof an, dessen Hartherzigkeit die Familie auseinandergerissen habe, und – mit wachsender Verbitterung über die Mißachtung väterlicher Ratschläge – den eigenen Sohn!

Mozart übersiedelt ins Haus des Gönners Grimm. Indes kommt es mit diesem bald zu schweren Zerwürfnissen. Im Streit zwischen Opera buffa und einheimischer Tragédie lyrique, zwischen den Parteigängern von Piccini und Gluck, hat Grimm sich für den Italiener exponiert. Mozart, eher von praktischer Erfahrung als von ästhetischen Grundsätzen ausgehend, hält den Streit für müßig. Er beteiligt sich nicht daran. Grimm aber glaubt – und wohl nicht zu Unrecht – überhaupt mangelnde Aktivität konstatieren zu müssen. Er teilt dies Leopold Mozart mit: Ein weiterer Aufenthalt sei unter den obwaltenden Umständen nutzlos.

Der Vater hat längst ein neues, dem Sohn schon in Andeutungen bekanntes Projekt angegangen: die Wiedereinstellung in Salzburg. Er kann vermelden, vorteilhafte Bedingungen erwirkt zu haben: Der Sohn soll das vakante Organistenamt erhalten und mit 450 Gulden entlohnt werden. Da gleichzeitig das väterliche Gehalt aufgebessert werden soll, wäre so die – dringend gebotene – Rückzahlung der durch die Reise entstandenen Schulden möglich. Aber Leopold Mozart weiß, daß er mit einem Appell ans Pflichtgefühl allein nichts ausrichten kann. So wird mit den reizvollsten Verlockungen geworben: Der Sohn würde sich hübsch vergnügen können, er solle seine eigene Kasse führen, Pferde stünden ihm zum Ausritt zur Verfügung, die Küche würde um seine Lieblingsspeisen bemüht sein, mit Aloysia könne unbesorgt (auch per Deckadresse) korrespondiert werden, sogar ihr Engagement am Salzburger Hof wird in Aussicht gestellt und, nicht zuletzt, die ersehnte Italienreise. Aber die Antipathie des Sohnes gegenüber der Vaterstadt ist durch nichts zu beschwichtigen; er schreibt an den Vater: *ich schwöre ihnen bey meiner Ehre daß ich Salzburg und die ihnwonner/: ich rede von gebohrenen Salzburgern/: nicht leiden kann; – mir ist ihre sprache – ihre lebensart ganz unerträglich . . .*[80]

Mozarts eigene Pläne zielen in ganz andere Richtung. Er möchte, obwohl er doch selbst genug mit sich und seinen Fehlschlägen zu tun hat, Aloysia Weber mit ihrem Papa nach Paris holen. Die Webers waren inzwischen mit dem kurfürstlichen Hof nach München übersiedelt und Aloysia Sängerin am Hoftheater geworden. So bezweckt der zweite Plan, in München, wo eine Deutsche Oper eingerichtet werden sollte, als Kapellmeister anzukommen. Der Vater wird gebeten, erneut eine Empfehlung des Padre Martini zu erwirken: Der Erfolg bleibt aber aus – zur geheimen Genugtuung des Vaters, der schon sein Projekt durchkreuzt sah.

Die aufwühlenden seelischen Erlebnisse gingen gewiß auch – vielfältig vermittelt – ins kompositorische Werk ein. In Mannheim beginnt Mozart mit einer neuen Serie von Violinsonaten, wobei er, angeregt durch Instrumentalduette von Joseph Schuster, die Violine nicht mehr dem Klavier unterordnet, sondern beide Instrumente als gleichberechtigte Partner behandelt. Von ihrem Gestus her fällt die in Paris entstandene *Violinsonate e-Moll* (KV 394) einigermaßen aus dem Rahmen – und zwar nicht nur in dieser Sammlung, sondern im stilistischen Feld überhaupt –; immerhin hat sie ihr Schwesterwerk in der *Klaviersonate a-Moll* (KV 310). Es scheint, daß die inneren Erschütterungen hier nun mit aller Gewalt nach außen drängen.

Zur großen Bestürzung des Vaters, der auf baldigen Abschluß des Salzburger Kontraktes drängt, schlägt Mozart bei der Rückreise langwierige Umwege ein. Er hofft, Salzburg doch noch meiden zu können. Zunächst aber trägt für den langsamen Fortgang der Reise, wie dem Vater gegenüber anklagend vermerkt wird, der Baron Grimm die Schuld: Er hatte, aus Sparsamkeitsgründen, nur einen billigen Reiseplatz belegen lassen.

Bald sollte sich zeigen, daß Mozart selbst es nicht sonderlich eilig hatte: In Straßburg verweilt er drei Wochen – wofür drei Konzerte mit voraus-

Maria Anna Thekla Mozart, das «Bäsle». Bleistiftzeichnung, 1777/78

schaubar magerer Einnahme nicht als Entschuldigung dienen dürften. Dann führt der Weg – der Vater gerät schier zur Verzweiflung – nach Mannheim. Zwar trifft Mozart hier nicht mehr, wie er gehofft hatte, die Webers an; aber die Atmosphäre der Freundlichkeit und des Verständnisses tut so wohl, daß sich der Aufenthalt auf einen ganzen Monat ausdehnt. Mozart sucht sich an Mannheim zu binden. Er beginnt, den besonderen Mannheimer Gegebenheiten nach, an einem *Melodram* (KV 315e) und einem *Doppelkonzert für Geige und Klavier* (KV 315f) zu komponieren – beides bleibt Fragment. Auch eine Oper wird erwogen, aber nicht ausgeführt.

Der Vater mahnt und droht. Die Reise muß fortgesetzt werden. Sie führt über Kaisersheim nach München, wo Mozart am Weihnachtstage eintrifft. Der Vater sieht neue Gefahren aufziehen. Familie Weber, nunmehr in München, übt mit der schönen Aloysia erneut ihre Anziehungskraft aus. Mozart, unvermindert leidenschaftlich entflammt, wartet der Geliebten mit einer (schon in Paris begonnenen) Arie *Popoli di Tessaglia* (KV 316) auf. Aber Aloysia läßt ihn abblitzen. Sie hat später bedauernd gesagt, sie habe ihn damals «nicht lieben und weder sein Talent noch seinen liebenswerten Charakter schätzen»[81] können. Mozart soll sich zwar, Nissen zufolge, flugs ans Klavier gesetzt und gesungen haben: «Ich lass das Mädel gern, das mich nicht will»[82]; innerlich aber ist er verzweifelt. Überdies packt ihn nun, da er kurz vor dem Wiedersehen mit dem Vater steht, Furcht vor dessen Zorn. Ein Münchner Bekannter wird bemüht, den Vater vorbeugend brieflich zu besänftigen. Auch das «Bäsle», die Augsburger Cousine, wird als Beistand gewonnen. Sie, die Mozart nach München gebeten hat, soll mit nach Salzburg kommen. So begeht denn Mozart die seiner Meinung nach – um einen Brief zu zitieren – *gröste Narrheit von der welt*[83]: Er begibt sich wieder in erzbischöflich-salzburgischen Dienst.

Am 17. Januar 1779 erhält Mozart sein Dekret als Salzburger Hoforganist. Die kompositorischen Aufgaben sind die gewohnten, vom Gottesdienst, von höfischen Soireen und bürgerlichen Festivitäten gestellten.

Oft besucht Mozart, wie Nannerls Tagebuch ausweist, Theateraufführungen. In Salzburg gastiert in der Saison 1779/80 die Truppe Johann Heinrich Böhms und danach die Emanuel Schikaneders. Für Böhm dürfte Mozart damals die *Thamos*-Musik bearbeitet und erweitert haben. Der Prinzipal läßt sich, unter Beratung Mozarts, *La finta giardiniera* ins Deutsche übersetzen und führt die Opera buffa am 1. Mai 1780 in Augsburg als Singspiel *Die verstellte Gärtnerin* auf. Zu Schikaneder spinnt sich bald ein gutes Verhältnis an. Er nimmt am Bölzelschießen teil, gewährt Familie Mozart freien Eintritt, erbittet eine Einlage-Arie für eine Komödie.

Mozart interessiert sich leidenschaftlich für das Theater. Für die in Wien eingerichtete Deutsche Oper beginnt er ein – nachmals *Zaide* genanntes – Singspiel zu schreiben (KV 344). Aber es liegt kein Auftrag vor; Mozart braucht den Kontakt mit den Ausführenden, möchte nicht ins Blaue hinein schreiben – so bleibt das Stück Fragment. Um so erwünschter kommt eine Offerte aus München: Er soll dem kurfürstlichen Hof eine Opera seria vorlegen.

Maria Anna, Wolfgang und Leopold Mozart.
Ölgemälde von Johann Nepomuk della Croce, Winter 1780/81

Der Stoff sollte der *Idomeneo* sein; für das Libretto wurde der Salzburger Hofkaplan Giambattista Varesco gewonnen. Die Premiere ist auf den Karneval 1781 festgesetzt. Mozart reist am 5. November 1780, für sechs Wochen beurlaubt, nach München. Wie üblich, hatte sich der Abschluß des Werkes mit der beginnenden Einstudierung zu überschneiden.

Die Sänger machen manchen Kummer. Der Kastrat ist musikalisch matt und darstellerisch unerfahren, und der sechsundsechzigjährige

Tenorist Anton Raaff, der die Titelrolle kreierte, zu stark der Routine verfallen. Das Orchester hingegen vermag, obwohl ihm neuartige, schwierige Aufgaben gestellt sind, vollauf mitzuziehen.

Schon auf den Proben werden reichlich Vorschußlorbeeren verteilt. Auch nach Salzburg dringt davon Kunde; Freunde und Bekannte lassen es sich nicht entgehen, zur Premiere zu fahren. Mozart hat schwer zu tun, um die Partitur – die auch eine ausgedehnte Ballettmusik enthält – termingemäß abzuschließen. Daß die Uraufführung um eine Woche auf den 29. Januar 1781 verschoben wird, kommt ihm nur gelegen, denn so ist weiterer Schliff möglich.

Mozart hat auf den *Idomeneo* (KV 366) zeitlebens besonders viel gehalten. Für eine spätere Wiener Aufführung nahm er sich Umarbeitungen vor. Überhaupt ist die Oper bis in die Gegenwart hinein oft bearbeitet worden. Die Pole sind auf der einen Seite bloße Übersetzungen (die erste von dem mit Mozart befreundeten Andreas Schachtner aus Salzburg) und auf der anderen – auch kompositorisch freizügige – Adaptionen wie etwa jene von Richard Strauss 1930. Das Werk steht quasi an der Grenzscheide zweier Stilwelten: Es hält sich an den barocken Operntyp – und weist gleichzeitig darüber hinaus; dies mag die Unsicherheiten erklären. Zwar wird architektonisch die traditionelle Kette von Arien und Rezitativen gewahrt, und der Affekt drückt sich weitgehend in den überlieferten Typen aus; aber es gibt geschmeidige Vermittlungen, in die Typen fließt Individualität ein, und die Psychologie zeigt die Emotionen in ihrer Entwicklung und Verwandlung. Nicht zuletzt wird das Formenrepertoire um Chöre und Ensembles aufgestockt.

Wie sehr es Mozart um die eindrucksvolle dramatische Pointe geht, zeigt der Briefwechsel, den er von München aus mit dem Vater wegen Änderungen am Libretto führt. Dieser ist Mittelsmann zu Varesco – und mehr als das: Er weiß klug in dramaturgische Dinge hineinzureden.

Mozart bemängelt, daß es – wie in Varescos Text – nicht der dramatischen Wahrheit (und damit der Wahrheit des Lebens) entspreche, wenn der kretische König Idomeneo in Seenot allein auf seinem Schiff gezeigt wird; ihn ohne Gefolge darzustellen sei nur möglich, wenn man ihn als Schiffbrüchigen schwimmend das Land erreichen ließe. Der Vater pflichtet ihm bei: Er habe dies, wie erinnerlich, brieflich schon beanstandet; allein seinerzeit sei ihm geantwortet worden, *daß sich die donnerwetter und das Meer an keine Étiquétte kehren*[84]. Mozart hat gerade in diese Szene packende Realistik gesteckt. Der Chor ist in einen Nah- und einen Fernchor geteilt – jener stellt die am Kai Wartenden vor, dieser die Schiffsbesatzung. Keine bloße Staffage mehr wie in der Barockoper – sondern der Chor als Handlungsträger. Und wie bildhaft ist die Situation eingefangen: der Aufruhr der Naturgewalten – das Bangen der Menschen! Auch in jener Szene, da das Meeresungeheuer erscheint, wird durch die affektive Spiegelung im Chor eine packende Dramatik erzielt. Schreckensschreie, Bittgebärden, panische Flucht. Im Orchester ein Toben und Stöhnen. Schroffe Dissonanzen, abrupte Modulationen, manisches Schwanken zwischen laut und leise.

Mozart war, als er den *Idomeneo* komponierte, fünfundzwanzig Jahre alt. Was seine Kunst anging, war er sich sicher: Er wußte, was er wollte und konnte. Er hatte sich höchst persönliche, geschmeidige, auch anspruchsvolle Ausdrucksmittel geschaffen. Grund für den Vater zu demagogischer Mahnung: «Ich empfehle dir Bey deiner Arbeit nicht einzig und allein für das musikalische, sondern auch für das ohnmusikalische Publikum zu denken, – du weist es sind 100 ohnwisende gegen 10 wahre Kenner, – vergiß also das so genannte populare nicht, das auch die langen Ohren Kitzelt.»[85] Der Sohn sucht ihn zu beruhigen: . . . *wegen dem sogenannten Popolare sorgen sie nichts, denn, in meiner Oper ist Musick für aller Gattung leute; – ausgenommen für lange ohren nicht.*[86] Tatsächlich aber beginnt der Ausdruck gegen die Konvention zu rebellieren. Der Beifall wird nicht zum Fetisch erhoben; die inneren Gesichte, die zur Gestaltung drängen, scheren sich nicht um den herrschenden Geschmack.

Mozart, ohnehin nur widerwillig in Salzburger Diensten, muß in München, wo er, unbeschadet harter Arbeit, Wochen der Freiheit genießt, die Abhängigkeit, die ihn daheim bindet, als besonders bedrückend empfinden. Er schreibt: . . . *sie wissen, mein liebster Vatter, daß ich nur ihnen zu liebe in .... bin – denn – bey gott, wenn es auf mich ankämme – so würde ich bevor ich dießmal abgereiset bin, an den letzten Decret den Hintern geputzt haben denn, mir wird bey meiner Ehre nicht Salzburg – sondern der Fürst – die stolze Noblesse alle tage unerträglicher – ich würde also mit vergnügen erwarten, daß er mir schreiben liesse, er brauche mich nicht mehr – würde auch bey der grossen Protection, die ich dermalen hier habe für gegenwärtige und zukünftige umstände genug gesichert seyn – . . .*[87] An dem Tag, von dem der Brief datiert ist, dem 18. Dezember 1780, sind die sechs Wochen Urlaub gerade um. Leopold Mozart will in Salzburg gar nicht wegen einer Verlängerung vorsprechen, sondern sich dumm stellen; sollte er gefragt werden, würde er antworten, sein Sohn sei der Meinung gewesen, er könne sich noch sechs Wochen *nach* Abschluß des *Idomeneo* in München aufhalten.

Der Erzbischof scheint Geduld gezeigt zu haben. Als aber vier Monate verstrichen sind, erteilt er seinem Hoforganisten strikten Befehl, wieder Dienst zu leisten. Der Landesherr weilt in Wien, wo sein Vater erkrankt ist; hier hat sich auch Mozart einzustellen. Diesem aber gelingt es nun nicht mehr, sich dem höfischen Reglement zu fügen. Er fühlt sich ausgenutzt und entwürdigt.

Der Erzbischof behandelt ihn in Wien wie eben sein übriges Hofpersonal: Er setzt sein Logis fest, verweist ihn an die Bediententafel, befiehlt musikalische Aufwartungen. Er sieht in Mozart ein preiswertes und zugleich wirkungsvolles Renommierobjekt. Wie den anderen Musikern auch verwehrt er ihm eigene Auftritte – und damit zusätzliche Einnahmen. Mozart muckt auf. Er wartet nicht, wie seine Kollegen, auf einen Diener, um in die Salons geführt zu werden, sondern geht stracks allein. Er setzt es durch, in einem öffentlichen Konzert zu spielen. Er fügt sich schließlich nicht dem für die Abreise nach Salzburg kurzfristig gesetzten Termin. Dies gibt den äußeren Anlaß zum Bruch.

Die Ursache aber liegt tiefer: Mozart ließ sich einfach nicht mehr in den höfischen Verhaltenskanon einpassen. Der Salzburger Erzbischof, aufklärerisch gesinnt, sollte nicht verteufelt werden – er hat sogar oft ein Auge zugedrückt. Aber er mußte auch seine Autorität durchsetzen, und ohnehin war für seinen auf Italien ausgerichteten Geschmack die Kunst eher nur ein Dekor der Macht.

Mozart schildert dem Vater Wien und die Aussichten, die er hier, wenn er nur frei wäre, hätte, in den verlockendsten Farben, aber dringt bei ihm damit nicht durch. Da kommt es, weil er dem unvermittelt erteilten Befehl, sich wieder nach Salzburg zu verfügen, nicht folgt, zu einem explosiven Zusammenstoß. In Mozarts Schilderung liest sich das so: *Erz: Nun, wann geht er den Bursch? – Ich: Ich habe wollen heute Nacht gehen, allein der Platz war schon verstellt. dann giengs in einem odem fort. – ich seye der liederlichste bursch den er kenne – kein mensch bediene ihn so schlecht wie ich – er rathe mir heute noch weg zu gehen, sonst schreibt er nach haus, daß die besoldung eingezogen wird – man konnte nicht zu rede kommen, daß gieng fort wie ein feuer – ich hörte alles gelassen an – er lügte mir ins gesicht ich hätte 500 fl: besoldung – hiesse mich einen lumpen, lausbub, einen fexen – o ich möcht ihnen nicht alles schreiben – Endlich da mein geblüt zu starck in Wallung gebracht wurde, so sagte ich – sind also EW: H: gnaden nicht zu frieden mit mir? – was, er will mir drohen, er fex, O er fex! – dort ist die tühr, schau er, ich will mit einem solchen elenden buben nichts mehr zu thun haben – endlich sagte ich – und ich mit ihnen auch nichts mehr – also geh er – und ich: im weg gehen – es soll auch dabey bleiben; morgen werden sie es schriftlich bekommen. – sagen sie mir also bester vatter ob ich das nicht eher zu spätt als zu frühe gesagt habe? – – Nun hören sie; – meine Ehre ist mir über alles, und ich weis, daß es ihnen auch so ist.*[88]

Die weiteren Verhandlungen werden mit dem Oberstküchenmeister Graf Arco geführt. Der Graf weigert sich – wohl sogar aus Vorsorge und in der Absicht, die väterlichen Pläne zu unterstützen –, das Entlassungsgesuch entgegenzunehmen. Auch bei weiteren Vorsprachen bleibt er dabei. Freilich wird es ihm schließlich zuviel, er verliert die Kontrolle über sich und wirft den aufsässigen Bediensteten mit einem Fußtritt zur Tür hinaus.

«. . . daß ich so zu sagen ganz in der Musique stecke . . .»

Leopold Mozart schreibt 1777 seiner Frau nach Mannheim, er wolle hoffen, daß der Sohn «nicht immer den Kopf voll der Noten»[89] haben werde. Er, der doch zeitlebens das Evangelium der Arbeit gepredigt hatte, fürchtet nun, daß die ausschließliche Beschäftigung mit Musik den Blick für die praktischen Dinge des Lebens trüben könnte.

Mozart war Musiker durch und durch. *Sie wissen daß ich so zu sagen ganz in der Musique stecke – daß ich den ganzen Tag damit umgehe – daß ich gern speculire – studiere – überlege –*[90], schreibt er einmal an den Vater. Die Konzentration wirkte sich im gesellschaftlichen Umgang als Unaufmerksamkeit, Zerstreutheit aus. Mozarts Schwägerin Sophie Haibl berichtet: «Er war immer guter Laune, aber selbst in der besten sehr nachdenkend, einem dabey scharf ins Auge blickend, auf Alles, es mochte heiter oder traurig seyn, überlegt antwortend, und doch schien er dabey an ganz etwas Anderm tiefdenkend zu arbeiten. Selbst wenn er sich in der Frühe die Hände wusch, ging er dabey im Zimmer auf und ab, blieb nie ruhig stehen, schlug dabey eine Ferse an die andere und war immer nachdenkend. Bey Tische nahm er oft eine Ecke seiner Serviette, drehte sie fest zusammen, fuhr sich damit unter der Nase herum und schien in seinem Nachdenken Nichts davon zu wissen, und öfters machte er dabey noch eine Grimasse mit dem Munde . . . Auch sonst war er immer in Bewegung mit Händen und Füssen, spielte immer mit Etwas, z. B. mit seinem Chapeau, Taschen, Uhrband, Tischen, Stühlen gleichsam Clavier.»[91]

Die Kehrseite intensiver Sammlung war Nervosität. Der Schöpferdrang konnte sich gleichsam zur Besessenheit steigern, die körperlichen Kräfte zerreiben, pathologische Reaktionen zeitigen. Rochlitz zufolge fiel Mozart am Ende seines Lebens über angestrengter Arbeit sogar «in minutenlange halbohnmächtige Bewußtlosigkeit»[92].

Er hatte ein phänomenales Gedächtnis und dachte sich die Kompositionen als Ganzes aus, ehe er sie aufzeichnete. Über die Arbeit am *Idomeneo* berichtet er dem Vater: *komponirt ist schon alles – aber geschrieben noch nicht . . .*[93] Für den eigenen Auftritt genügte da nur eine flüchtige Skizze. Manchmal blieb nicht einmal Zeit zu dieser. Mozart selbst hat bezeugt, daß er bei der Aufführung einer eilig nachts binnen einer Stunde komponierten Violinsonate den Klavierpart aus dem Gedächtnis reproduzierte. Die Solostimme der Klavierkonzerte glich oft nur einem Stenogramm, deutbar einzig dem Verfasser. Hier half das gute Gedächtnis, vor Diebstahl zu schützen; denn Mozart fürchtete, daß die Manuskripte in andere Hände gelangen, abgeschrieben und – was de jure erlaubt war – verbreitet werden könnten. Andererseits vermochte Mozart von Manuskripten, die er aus der Hand gegeben hatte, frei aus dem Gedächtnis heraus Duplikate anzufertigen, ohne daß er dazu die Vorlagen brauchte. Als der französische Konzertagent Jean Le Gros Manuskripte gekauft hatte, meinte Mozart, er möge über das Monopol, das er sich da gesichert zu haben glaube, nicht zu frühe frohlocken; die Kompositionen seien noch in frischer Erinnerung und könnten wieder in Noten fixiert werden.

Die Arbeit des Komponierens war, so unwahrscheinlich es klingt, im wesentlichen abgeschlossen, wenn Mozart sich hinsetzte und zu schreiben begann. Der schöpferischen Tätigkeit folgte die mehr nur mechanische. Es konnte sogar geschehen, daß er sich mit beidem gleichzeitig beschäftigte. In einem Brief an die Schwester teilte er mit, daß er eine Fuge gemacht und sie, während er das Präludium ausdachte, abgeschrieben habe.

Die bloße Niederschrift war fade; Mozart scheint sich gern darum gedrückt zu haben. Er versuchte sich Anregung zu verschaffen, indem er kegelte oder eine Partie Billard spielte oder sich – während des Schreibens! – etwas erzählen ließ. Mary Novello übermittelt Constanzes Erinnerung: «Wenn irgendeine große Konzeption in seinem Geiste entstand, war er völlig wie abwesend, ging in seiner Wohnung auf und nieder und wußte nicht, was um ihn her vorging. Sobald aber in seinem Kopfe alles fertig war, brauchte er kein Pianoforte, sondern nahm Tinte und Papier und sagte zu ihr, während er schrieb: ‹Nun, liebes Weib, sei so gut und sage mir, wovon die Rede war›, und die Unterhaltung störte ihn durchaus nicht, ‹was mehr ist›, fügte sie hinzu, ‹als ich mit dem gewöhnlichen Brief tun kann›.»[94]

Mozart konnte schnell komponieren. Er selbst berichtet, daß er drei Stücke zu *Die Entführung aus dem Serail in einem Tage Componirt und –* man beachte die Unterscheidung! – *in anderthalb tägen geschrieben habe*[95]. Für vier Kontretänze soll er einmal gar nur eine halbe Stunde gebraucht haben! Zwei kunstvolle dreistimmige Kanons, miteinander zur Sechsstimmigkeit kombinierbar, sollen (wenn man Johann Friedrich Rochlitz glauben darf) in «höchstens fünf bis sechs Minuten»[96] entstanden sein.

Mozart am Klavier.
Unvollendetes Ölbild von Joseph Lange, Winter 1782/83 (?)

Indes dürfen solche Zeugnisse nicht verabsolutiert werden. Es stimmt nicht, daß Mozart beim Komponieren nicht auch seine Stockungen gehabt habe. Selbst Einfälle standen nicht jederzeit in gleicher Fülle und Originalität parat. Inspiration ließ sich nicht kommandieren! Die Ausarbeitung war oft mühsam. Mozart entschuldigt und rechtfertigt sich dem drängenden Vater gegenüber: *zu allen zeiten ist man auch nicht aufgelegt zum arbeiten. hinschmieren könnte ich freylich den ganzen tag fort; aber so eine sach kommt in die welt hinaus, und da will ich halt daß ich mich nicht schämen darf, wenn mein Namm draufsteht.*[97]

Auch daß Mozart auf klangliche Kontrolle durchs Klavier verzichtet habe, ist eine Legende. Wie Niemetschek berichtet, hat er die von der Phantasie eingegebenen Gedanken am Klavier vollständig ausgearbeitet. Anna Maria Mozart bemerkt in einem ihrer Briefe, daß der Sohn in Ermangelung eines Klaviers außer Haus komponieren müsse. Mozart selbst teilt später einmal aus Wien mit, daß er erst dann in einem Zimmer wohnen könne, wenn ein Klavier drinstehe, *dermalen weil ich eben zu schreiben habe, und keine Minute zu versäumen ist*[98].

Es ist auch ein Irrtum, zu glauben, daß sich die musikalischen Gedanken in aller Vollendung einstellten, daß es keines Schleifens, keiner Ver-

Mozarts Konzertflügel von Anton Walter, Wien um 1780

besserungen bedurft hätte. Zwar vollzog sich der Gestaltwandel weniger auf dem Papier als im Kopfe; doch liegen auch etliche Skizzen vor. Darauf sind zum einen Einfälle festgehalten, die, wenn auch nicht momentan verwertbar, doch Fixierung verdienten, im Hinblick auf möglicherweise spätere Verwendung. Zum anderen werden komplizierte musikalische Zusammenhänge verdeutlicht – Durchführungspartien, kontrapunktische Kombinationen. Es scheint, daß Mozart hier doch auch an dem visuellen Eindruck gelegen war. Auf dem Papier ließen sich die Verflechtungen besser überschauen, konnte, unter steter Vergegenwärtigung der Entwicklungsstadien, präziser modelliert werden.

Die Untersuchung der Schriftzüge, Tinten und Papiersorten hat zu interessanten Ergebnissen geführt. Wenn Mozart ein größeres Werk zu fixieren gedachte, so war er bemüht, zunächst die Konturen – die Hauptstimmen – festzuschreiben. Erst in einem zweiten Arbeitsgang wurde (die andere Tintenfarbe zeigt es an) die Partitur komplettiert.[99] Bei Opern ging Mozart oft nach einer sonderbaren Systematik vor: Er hielt sich nicht an die fortlaufende Folge des Librettos, sondern zog sich Szenen gleichen Charakters heraus und vertonte sie eine nach der anderen, unabhängig von ihrer Stellung im Stück. Der Nachweis dieser Arbeitsweise – die schlüssig nur an den Originalen studiert werden kann – erschüttert manche bisherigen ästhetischen Ansichten.

Bei aller Genialität hat sich Mozart sein Können hart erarbeitet. Die Meisterschaft fiel ihm nicht in den Schoß, sondern war die Frucht gewissenhaften Studiums. Dem Prager Kapellmeister Johann Baptist Kucharz gegenüber äußerte er: *Überhaupt irrt man, wenn man denkt, daß mir meine Kunst so leicht geworden ist. Ich versichere Sie, lieber Freund! niemand hat so viel Mühe auf das Studium der Komposition verwendet als ich. Es giebt nicht leicht einen berühmten Meister in der Musik, den ich nicht fleißig, oft mehrmal durchstudirt hätte.*[100]

Mozarts kompositorische Grundsätze lassen sich aus manchen Urteilen über Kollegen ableiten. Seine Kritik steigert sich oft in den Sarkasmus hinein; gerade aus der Negation kristallisiert sich das Ideal heraus. Da werden Plumpheit, Langatmigkeit, Schematismus, äffische Nachahmung gerügt. Besonders lehrreich der Tadel der Unkonzentriertheit, der Faselei an Kompositionen des Abbé Vogler: *iezt hör ich einen gedancken der nicht übel ist – – – ja, er bleibt gewis nicht lange nicht übel, sondern er wird bald – – – schön? – – – gott behüte! – – übel und sehr übel werden; und das auf 2 oder dreyerlei Manieren, nemlich daß kaum dieser gedancken angefangen, kömmt gleich was anders und verderbt ihn; oder er schliest den gedancken nicht so natürlich, daß er gut bleiben könnte. oder er steht nicht am rechten ort. oder endlich er ist durch den satz der Instrumenten verdorben.*[101]

Der Vorwurf, den Mozart gegen Abbé Vogler erhob, hat ihn in ähn-

Notenhandschrift Mozarts, 1772

licher (weniger polemischer) Form selbst getroffen. Sein Kollege Karl Ditters von Dittersdorf wünschte, Mozart wäre nicht so verschwenderisch mit seinen Gedanken; er lasse den Zuhörer nicht zu Atem kommen: «. . . denn, kaum will man einem schönen Gedanken nachsinnen, so steht schon wieder ein anderer herrlicher da, der den vorigen verdrängt, und das geht immer in einem so fort, so daß man am Ende keine dieser Schönheiten im Gedächtnis aufbewahren kann.»[102] Der Unterschied zwischen dieser und jener Mannigfaltigkeit ist qualitativ: Hier, bei Mozart, ist sie bewußt disponiert und von innerer Logik durchzogen, dort, bei Vogler, Resultat schöpferischer Schwäche – das Bunte gerät zum Disparaten.

Auch auf welche Art und Weise Mozart die Gedanken anordnet, traf auf Kritik. Hans Georg Nägeli bezeichnet es als einen «Geniefehler» Mozarts, durch Kontraste wirken zu wollen.[103] Wieder wird die qualitative Besonderheit der Mozartschen Kompositionsweise nicht erfaßt: Die Spaltung in Gegensätze schließt doch nicht das dialektisch Verbindende aus.

Manchmal reißt Mozart die einmal geschmiedete Gedankenkette auseinander und stellt ihre Glieder neu zusammen. Heißt das nicht der Willkür Tür und Tor öffnen? Nein. Die Gedanken sind in sich auf Vertauschungen hin formuliert. Der originäre Zusammenhang wird zerstört, dafür aber ein neuer, gleich zwingender geschaffen. Was als Zufall anmutet, ist tatsächlich vorausgeschaut, an ein unterschichtiges Gesetz gebunden. Die einzelnen Partikel werden Permutationen unterworfen, ergeben aber stets – wie sie auch geordnet sein mögen – ein geschlossenes Bild. Formal betrachtet, erinnert dies an das Prinzip des Kaleidoskops. Gesetzmäßig determinierte Zufälligkeit des thematischen Verlaufs – «Kaleidoskoptechnik» in der Musik.

Mozart hat sich mit dem Prinzip auch im Scherz beschäftigt. Ihm wird ein Spiel zugeschrieben, mit dessen Hilfe man «ohne Musicalisch zu seyn, noch von der Composition etwas zu verstehen»[104], durch Würfeln Walzer und Kontretänze zusammenstellen kann. Die Kombinationsmöglichkeiten von 176 Taktkärtchen sind in einem System erfaßt. Die Tonstücke, die aus den Würfelrunden mit ihren Zufallsergebnissen entstehen, zeigen jedes in sich eine sinnvolle Ordnung und «klingen». Die Aleatorik ist kalkuliert, intellektualisiert.

Am Kombinieren, Erfinden, Tüfteln hatte Mozart zeitlebens viel Spaß. Für Mathematik hegt er geradezu eine Leidenschaft. Als Kind soll er aus überschwenglicher Begeisterung Tische, Sessel, Wände und den Fußboden mit Ziffern beschmiert haben.[105] Der Enthusiasmus hielt an. Constanze bezeugt «seine liebe zur Rechenkunst und zur Algeber»[106].

Die Lust am Kombinieren zeigt sich auch im Spiel mit dem Wort. Auch hierbei gelten – so absurd die Resultate sein mögen – feste Regeln. Von der Aussage her gesehen, entsteht Kauderwelsch, aber die Methode, die dazu führt, ist genau durchdacht. Übrigens hat, der Funktion nach, auch das Kauderwelsch Sinn: Es soll erheitern.

Da gibt es einen Brief vom 18. Dezember 1772, in dem jede zweite Zeile auf den Kopf gestellt ist.[108] An anderer Stelle wird die Konjugation durchexerziert.[109] Auch Wortspiele in Form von Anagrammen begegnen. Mozart verschlüsselt seinen Namen, indem er ihn in die rückläufige Form spiegelt – er selbst nennt sich *Trazom,* und seine Frau *Znatsnoc.*[110]

Die Wortspiele demonstrieren, wenn auch an anderem Material und in scherzhafter Absicht, ähnliche Gestaltungsweisen wie die kompositorischen. Mozarts Denkart prägt allen Ausdrucksmedien ihr Siegel auf. Und sie dringt ebenso in das Erhabene wie in das Triviale ein. Ob in der Form des Wortes oder der Töne, ob in der Lebensbeichte oder im Witz: Überall zeigen sich dialektische Prinzipien.

Der Begriff «klassisch» leitet sich vom Maß, der Harmonie, der Proportioniertheit der klassisch-antiken Vorbilder ab. Auf musikalischem Felde ist es der «Klassik» aufgegeben, Horizontale und Vertikale zum Ausgleich zu bringen. Das Harmonische darf nicht auf Kosten des Linearen dominieren oder umgekehrt. Auf eine Epoche der Polyphonie, die mit Bachs Tod endete, folgte die Hervorhebung des homophonen Satzes; der Kontrapunkt kam sogar in Verruf. Wo er dennoch angewandt wurde, geriet er zum Schema oder wirkte als Museumsgut. Die Zeit war reif für eine neue Symbiose. Was sich scheinbar unvereinbar gegenüberstand, mußte, zu beiderseitigem Nutzen, zueinanderfinden. Die neuen Methoden nuancierter motivischer Artikulation, des dialektischen Kontrasts und der thematischen Durchführungsarbeit sollten sich mit polyphonen Techniken (bis hin zur Fuge) verbinden. Kein Archaisieren, sondern eine Wiedergeburt aus den neuen Ausdrucksprinzipien heraus.

Dank der konservativen Didaktik des Vaters war Mozart frühzeitig in die Geheimnisse des Kontrapunkts eingedrungen. Er hatte das Fuxsche Lehrwerk studiert und war in Italien von Padre Martini unterwiesen worden. Indes blieb er lange in den Vorbildern befangen, befolgte eher nur Muster, griff zur Kontrapunktik dem Brauche gemäß, nicht aus schöpferischem Zwang. Insbesondere in der Kirchenmusik hatte strenge Polyphonie ihren Platz zu verteidigen gewußt. Allerdings wirkte sie, eben weil sie sich zu starr an die angestammten Dogmen klammerte, antiquiert.

Erst als sich Mozart die musikalische Welt Johann Sebastian Bachs erschloß, erkannte er, daß Kontrapunktik mehr als nur eine formale Prozedur ist. Der polyphone Satz ist ein Ausdrucksmittel mit durchaus emotionalen Qualitäten; dabei vermag Linearität auch auf die Harmonik einzuwirken und regte gerade bei Bach zu einzigartigen Kühnheiten an.

Mozart machte sich Bachs Werk sorgfältig und systematisch zu eigen. Am Anfang stand das Studium; ihm folgten Bearbeitung, Nachbildung und schließlich Neubewertung. Wiederum ein dialektischer Vorgang: Aus der Hingabe an die fremde, vergangene Stilwelt profitiert das individuelle Profil.

Den äußeren Anstoß gab Gottfried van Swieten, österreichischer Diplomat, Präfekt der Hofbibliothek, Musikfreund, Mäzen und dilettierender Komponist. Ab 1779 hatte er sieben Jahre in diplomatischer Mission am preußischen Hofe zugebracht. In Berlin war der alte Stil «Mode»; insbesondere der Musikzirkel der Prinzessin Anna Amalia, geleitet von dem Bach-Schüler Johann Philipp Kirnberger, machte sich zu seinem Bewahrer. Bach selbst hatte vor Friedrich II. konzertiert, sein Sohn Carl Philipp Emanuel amtierte lange Jahre als Friedrichs Kammercembalist.

Der König höchstpersönlich soll van Swietens Interessen auf Johann Sebastian Bach gelenkt haben. Van Swieten nahm Verbindung zu Carl Philipp Emanuel auf, der damals bereits nach Hamburg gegangen war. Er übermittelte ihm einen privaten Kompositionsauftrag und wurde seinerseits mit einer Dedikation geehrt. Bei Kirnberger schrieb sich van Swieten für Kompositionsunterricht ein. Der konservative Musikzirkel der Prinzessin prägte sich ihm als Vorbild ein, das zur Nachahmung anspornte.

Jedenfalls veranstaltete van Swieten, als er in den endsiebziger Jahren nach Wien zurückgekehrt war, in seiner Wohnung allsonntäglich Matineen mit alter Musik. Was ihn zum strengen Kontrapunkt zog, scheint freilich

Gottfried van Swieten.
Stich von
(Johann Ernst?) Mansfeld
nach J. C. de Lakner

– und hierin ist er den Berliner Bach-Apologeten verwandt – weniger die Ausdruckskraft als der Rationalismus gewesen sein. Mozart konnte bei van Swieten nur die alten Museumsgüter kennenlernen; über ihre Bedeutung und Entwicklungschancen mußte er sich selbst klarwerden.

Mozart stieß 1782 auf van Swieten und seinen Kreis. Am 10. April schreibt er dem Vater: *ich gehe alle Sonntage um 12 Uhr zum Baron von Suiten – und da wird nichts gespielt als Händl und Bach. – ich mach mir eben eine Collection von den Bachischen fugen. – so wohl sebastian als Emanuel und friedeman Bach. – Dann auch von den händlischen.*[111] Er wandte für die Fugenstudien viel Mühe auf und übertrug (wie sein Freund Abbé Stadler berichtet) zur Übung – «um die Anlage des Kontrapunkts besser zu verstehen»[112] – die Stimmen in Partitur.

Händels Oratorien mag Gottfried van Swieten von einem Besuch in London her – wo sie unvermindert lebendig geblieben waren – gekannt haben. Auch in Berlin wurde im Musikzirkel der Prinzessin Anna Amalia Händel gespielt. Nach Wien zurückgekehrt, gründete van Swieten eine «Gesellschaft der Assoziierten», deren Mitglieder, wohlbegüterte Aristokraten, privat in ihren Palästen Oratorien aufführen ließen. Händel stand dabei im Mittelpunkt. Freilich erachtete man, dem Zeitgeschmack entsprechend, das originale klangliche Gewand als einer Modernisierung bedürftig. Seit 1787 leitete Mozart die Aufführungen und bearbeitete Händels «Acis und Galathea», den «Messias», das «Alexanderfest» und die (kleine) «Cäcilienode». Durch van Swieten mag an Mozart auch die Anregung herangetragen worden sein, sich selbst auf dieses Gebiet zu begeben; jedenfalls soll er – dem Zeugnis der Novellos nach – daran gedacht haben, «Oratorien im Stile Händels zu schreiben»[113]. Dazu ist es aber nicht gekommen.

Mag sich die Auseinandersetzung mit Bachs Kontrapunkt auch auf das Instrumentalschaffen konzentrieren, so erlegt sich Mozart doch auch auf vokalem Felde Studien auf. Es dürfte kein Zufall sein, daß zu Beginn der achtziger Jahre viele seiner Kanons – in fortschreitender Komplizierung von der Zwei- bis zur Zwölfstimmigkeit – entstanden sind.

Obwohl Fragment geblieben, ist die 1782/83 entstandene *Missa c-Moll* (KV 427) ein Chef d'œuvre. Zwar hatte der strenge Satz stets in der Kirche seinen Platz behauptet; hier aber streift er Schematismus und Formelhaftigkeit ab. Bezeichnenderweise fesseln jene Stellen am stärksten, die der Regel nicht dem Buchstaben, sondern dem Geiste nach folgen. An den Fugen, mögen sie auch noch so ehrgeizig gearbeitet sein, bleiben Schlacken des Akademismus hängen.

In schwerer Zeit – Mozarts geliebte Constanze war erkrankt, ihre Mutter schmiedete Intrigen – hatte er das Gelöbnis zu einer Messe abgelegt. Es blieb aber bei dem Torso, der ein Kyrie, Gloria, Sanctus, Benedictus und einige Entwürfe zum Credo umfaßt. Es ist nachweisbar, daß Mozart am 26. Oktober 1783 in der Salzburger Peterskirche eine Messe aufführte – war es wohl diese? Belegt ist auch, daß Constanze in einer Sopranpartie mitwirkte – was für ihre guten musikalischen Fertigkeiten spricht.

Überhaupt scheint es Constanze gewesen zu sein, die Mozart in seinen Neigungen zum alten Stil bestärkt hat. Mozart schildert sie seiner Schwester als enthusiasmiert für Fugen, insbesondere für solche von Bach und Händel; sie habe ihn zur Fugenkomposition gedrängt: *weil sie mich nun öfters aus dem kopfe fugen spiellen gehört hat, so fragte sie mich ob ich noch keine aufgeschrieben hätte? – und als ich ihr Nein sagte. – so zankte sie mich recht sehr daß ich eben das künstlichste und schönste in der Musik nicht schreiben wollte; und gab mit bitten nicht nach, bis ich ihr eine fuge aufsezte, und so ward sie.*[114] Spielt hier aber nicht auch Diplomatie mit, Werben um die Gunst der Schwester? Vielleicht übertrieb Mozart ein bißchen, um Einwände gegen die Verbindung, die er da eingegangen war, zu entkräften. Die Webers galten als leichtfertig; würde es nicht Eindruck machen, wenn er Constanzes Sinn für den ehrwürdig-alten Stil herausstrich?

Wie dem auch sei: Von van Swieten gingen zwar die kräftigsten, aber nicht die einzigen Anstöße zu Mozarts Bach-Studien aus. Kaiser Joseph II. hatte ein Faible für Fugen; sein Hofkapellmeister und einstiger Lehrer Georg Christoph Wagenseil hielt viel auf Bach und Händel. Wagenseil unterrichtete auch den Fürsten Karl Lichnowsky, der – wohl auf van Swietens Empfehlung – zu Beginn der achtziger Jahre in Göttingen Kontakt aufnahm zu Johann Nikolaus Forkel, nachmals Autor der ersten, 1802 erschienenen, van Swieten gewidmeten Bach-Biographie. In den endachtziger Jahren suchte Lichnowsky bei Mozart – dem er als Freimaurer verbunden war – für seine kompositorischen Bemühungen Rat. Als er 1789 eine Reise nach Berlin unternahm, sprach er Mozart darauf an mitzukommen. Ein Umweg über Leipzig wurde eingeschlagen, um Bachs Wirkungsstätte zu besichtigen. Hier nun erst scheint Mozart Bachsche Vokalwerke näher kennengelernt zu haben. Kantor Johann Friedrich Doles ließ seine Thomaner eine Motette singen; Mozart soll gesagt haben: *Das ist doch einmal etwas, woraus sich was lernen läßt!*[115] Da keine Partitur zur Hand war, soll er die achtstimmige Komposition nach ausgelegten Stimmen studiert haben. Wie tief Mozart in diesen Stil eingedrungen war, bezeugt der einstige Bach-Schüler Doles: Er habe, Mozart Orgel spielen hörend, geglaubt, «der alte Bach sei wieder aufgestanden»[116].

In Leipzig komponierte Mozart als eine Reverenz in ein Stammbuch des Hoforganisten an der Schloßkapelle Carl Immanuel Engel eine kontrapunktisch kunstvolle *Gigue* (KV 574). Schon 1782 hatte er sich an der damals anachronistischen Form der barocken Klaviersuite versucht; aber die *Suite C-Dur* (KV 389) bricht kurz nach Beginn der Sarabande ab. Sieben Jahre sind vergangen, und er liefert nun gleichsam den Schlußsatz nach. Dabei nennt er sein Vorbild, wenn auch in verschlüsselter Form, sogar beim Namen: Bach. Das relevante Tonsymbol steht an unscheinbarer Stelle und ist transponiert – aber sein Geheimnis längst preisgegeben: Ein jeder Takt gemahnt an Bach – und ist doch charakteristischer Mozart.

Es ist bezeichnend, daß Mozart parallel zur Auseinandersetzung mit den Altvordern die mit seinem berühmtesten Zeitgenossen führt: mit Joseph Haydn. Zwar ist schon in den frühen Kompositionen der sechziger Jahre Haydns Einfluß spürbar, zu Beginn der achtziger erreicht er aber den höchsten Grad an Intensität. Überdies kommt es zu persönlichen Begegnungen.

Der künstlerische Austausch ist vor allem aufs Streichquartett gerichtet. Mozart soll einmal gesagt haben, er habe erst von Haydn gelernt, wie man Quartette schreiben müsse.[117] Haydn wiederum äußerte, als er Mozarts Quartette kennenlernte, zu dessen Vater: «ich sage ihnen vor gott, als ein ehrlicher Mann, ihr Sohn ist der größte Componist, den ich von Person und den Nahmen nach kenne: er hat geschmack, und über das die größte Compositionswissenschaft.»[118] Die beiden sollen sich gelegentlich zu gemeinsamer Kammermusik zusammengefunden haben – seltener Fall der Freundschaft zweier Genies.

Schon 1773 hatte Mozart sich beim Komponieren einer Serie von *Streichquartetten* (KV 168–172) an Modelle Haydns gehalten, an die Quartette op. 17 und op. 20. 1782 nun war Haydns Zyklus op. 33 erschienen. Ihn nahm sich Mozart sogleich zum Vorbild einer neuen Quartett-

Joseph Haydn.
Stich von
Johann Ernst Mansfeld,
1781

serie. Wurde Mozart bei op. 20 namentlich durch die Anwendung stren-
ger Kontrapunktik auf den Quartettsatz gefesselt, so interessierten ihn
am op. 33 neuartige thematische Entfaltungsprinzipien und die Gleich-
stellung der am thematischen Geschehen beteiligten vier Partner. Der
strenge Kontrapunkt, etwa in Form der Fuge, garantiert zwar Egalité,
aber das strikte Festhalten am einmal formulierten Thema, dessen bloße
Rotation durch die verschiedenen Stimmen, steht der Absicht, die Gedanken in ihrer Entwicklung zu zeigen, sie wechselhaften Schicksalen zu
unterwerfen, entgegen. Es mußte ein Prinzip freizügiger Polyphonie gefunden werden. Das Neue an Haydns Streichquartetten op. 33 besteht
darin, daß am Prozeß der thematischen «Verarbeitung» alle Stimmen
gleichmäßig teilhaben. Zwar lassen sich Ansätze dazu schon früher nach-
weisen (nicht zuletzt bei Bach); hier nun aber wird die Methode mit aller
Konsequenz für eine neue Form angewendet.

Der Satz-«Körper» wird gleichmäßig durchgebildet – auch dies entspricht dem «klassischen» Ideal. Dabei entfalten sich die spezifischen
Veranlagungen aller beteiligten Partner: Aus der Befreiung der Individualität zieht das Ganze, und zwar sowohl in seiner Vielfalt wie in seiner
Proportioniertheit, Gewinn. Die Streichquartette, die Haydn und Mozart
in der ersten Hälfte der achtziger Jahre komponierten, sind eine musikalische Inkarnation des «Klassischen». Ihre Ausstrahlung war immens
und wirkte weit in die Zukunft hinein.

Die neue Sechsergruppe mit Mozartschen Streichquartetten – *G-Dur* (KV 387), *d-Moll* (KV 421), *Es-Dur* (KV 428), *B-Dur* (KV 458), *A-Dur* (KV 464) und *C-Dur* (KV 465) – setzt am 31. Dezember 1782 an und ist erst am 14. Januar 1785 beendet. (Zwischen der ersten und zweiten Hälfte ruhte die Arbeit fast anderthalb Jahre.) Einen Tag nach dem endgültigen Abschluß der Sammlung stellte Mozart in einem Musizierabend in seiner Wohnung, zu dem auch Haydn geladen war, die erste Trias vor; die zweite folgte, wieder unter Anwesenheit Haydns, am 12. Februar. Mozart bezeichnete das Opus als ein Ergebnis langer, beschwerlicher Arbeit und widmete es seinem teuren Freund Haydn. Dies besagt aber gar nicht, daß er etwa in dessen Stil komponierte; vielmehr hilft der Blick auf den anderen das Eigene zu entdecken.

Dabei besaß Mozart durchaus die Fähigkeit, sich in fremde Stile einzufühlen und sie täuschend zu imitieren. Er selbst erachtete es als einen Vorzug, als Erfolgschance. Erwägend, ob er wohl den Pariser Geschmack treffen würde, schreibt er dem Vater: *das ist gewis das mir gar nicht bang wäre, denn ich kann so ziemlich, wie sie wissen, alle art und styl vom Compositions annehmen und nachahmen.*[119] Der Vater, ohnehin Opportunist, bestärkt ihn darin. Indes lag in der Anpassungsfähigkeit auch eine Gefahr. Das Vorbild konnte so übermächtig werden, daß es die eigene Originalität erdrückte. Abgesehen von einigen seiner frühesten Schöpfungen ist Mozart der Gefahr nie erlegen. Seine Eigenart war zu eng an individuelles musikalisches Denken gebunden, als daß er sie hätte verleugnen können. Wenn er dennoch manchmal perfekte Imitate bot, dann – wie Niemetschek berichtet – aus Scherz. Werke, die einem strengen Maßstab genügen sollten, wahrten – mochten sie sich auch den verschiedensten Einflüssen öffnen – stets das personale Profil. Mozart selbst hat die Nachahmung aus schöpferischem Unvermögen scharf getadelt. Dem Organisten Johann Wilhelm Häßler kreidet er an, daß er *nur Harmonie und Modulationen vom alten Sebastian Bach auswendig gelernt* [120] habe. Mozart hingegen ging auf eine Synthese aus: Das Entlehnte sollte in die Eigenart einschmelzen und daraus ein Drittes, qualitativ Neues entstehen.

Um die Frage der Popularität führten Vater und Sohn manchen Disput. Der Vater empfiehlt, den Weg des geringsten Widerstandes einzuschlagen. Applaus und Honorar sind die Götzen, denen er sich unterwirft: «Wenn man nur Beyfahl findet und gut bezahlt wird; das übrige hohle der Plunder!»[121] Er bringt seinen Rat auf die Formel: «Nur Kurz – leicht – popular.»[122] Der Sohn solle die Ohren spitzen, um herauszufinden, was gewünscht wird, und sich ganz nach der Mode richten. Das Leichte, Eingängige ist vonnöten, damit die Fertigkeiten der Dilettanten, einer wichtigen Käufergruppe, nicht überfordert werden und das Geschäft blüht. Die Ratschläge werden nicht widerspruchslos hingenommen. In einem Albumblatt äußert Mozart, daß er, möge man ihm auch *das beste klavier von Europa* geben, alle Freude am Musizieren verliere, wenn er Zuhörer habe, *die nichts verstehen oder nichts verstehen wollen, oder die mit mir nicht empfinden, was ich spiele*[123]. Der Kunstbanause war ihm verhaßt.

Indes hielt Mozart auch nichts von Verstiegenheit. Er wollte sich keineswegs nur an den Spezialisten wenden. Er suchte und fand Synthesen des Spontanen und Kalkulierten, des Emotionalen und Intellektuellen, des Populären und Anspruchsvollen. Die 1782 entstandenen Klavierkonzerte charakterisierte er so: *die Concerten sind eben das Mittelding zwischen zu schwer, und zu leicht – sind sehr Brillant – angenehm in die ohren – Natürlich, ohne in das leere zu fallen – hie und da – können auch kenner allein satisfication erhalten – doch so – daß die nichtkenner damit zufrieden seyn müssen, ohne zu wissen warum.*[124]

Auf und ab in Wien

Als der Salzburger Erzbischof Mozart befahl, das Domizil, das er ihm in Wien zugewiesen hatte, unverzüglich zu räumen, zog dieser zur Familie Weber. Die Webers waren von München nach Wien übersiedelt, da die Tochter Aloysia ein Engagement am Deutschen Nationalsingspiel gefunden hatte. Der plötzliche Tod des Familienoberhauptes ließ die Mutter nach Einnahmequellen Ausschau halten. Sie vermietete Zimmer. Aloysia machte mit der Heirat des Hofschauspielers Joseph Lange eine gute Partie. Mutter Cäcilie Weber war an der Verbindung finanziell beteiligt: Der Heiratskontrakt sicherte ihr eine Jahresrente von sechshundert, später sogar siebenhundert Gulden zu.

Als Leopold Mozart davon hört, daß sein Sohn bei den Webers logiert, ist er entsetzt. Wieder scheint diese Familie, die er von der Mannheimer Affäre her so unangenehm in Erinnerung hat, die väterlichen Pläne zu durchkreuzen. Wohl bedeutet Aloysia, da sie verehelicht ist, keine Gefahr mehr; aber gibt es nicht noch drei andere Töchter, die unter die Haube gebracht sein wollen? Überdies hat Mutter Weber einen denkbar schlechten Leumund. Sie gilt als zänkisch, liederlich, trunksüchtig. Leopold Mozart stellt einen ursächlichen Zusammenhang her zwischen der Rebellion seines Sohnes gegen den Salzburger Dienst und dem Weberschen Einfluß. Er verlangt sofortigen Quartierwechsel.

Der Sohn sucht zu beschwichtigen und zu vertrösten. Er habe ohnehin vorgehabt umzuziehen, aber das Logis sei so angenehm, er werde freundlich umsorgt und müsse die Wirtin mit einem Grund für die Kündigung belügen. Zwar gibt er zu, daß er gelegentlich die Familie auf Spaziergängen in den Prater begleitet habe; indes habe er stets nur seinen eigenen Teil bezahlt. Die Vermutung einer Liaison wird aufs entschiedenste zurückgewiesen: *wenn ich mein lebetag nicht aufs heyrathen gedacht habe; so ist es gewis izt! – denn/: ich wünsche mir zwar nichts weniger als eine Reiche frau:/ wenn ich izt wirklich durch eine heyrath mein glück machen könnte, so könnte ich unmöglich aufwarten, weil ich ganz andere dinge im kopf habe. – gott hat mir mein Talent nicht gegeben, damit ich es an eine frau henke, und damit mein Junges leben in unthätigkeit dahin lebe. – ich*

Wien. Ansicht vom Schloß Belvedere aus.
Stich von Franz Karl Zoller, 1785

fange erst an zu leben, und soll es mir selbst verbittern; – ich habe gewis nichts über den Ehestand, aber für mich wäre er dermalen ein übel.[125]

Knapp fünf Monate vergehen, und der Sohn legt ein Geständnis ab: Er hat sich verliebt – und erwägt Heiratspläne. *Nun aber wer ist der Gegenstand meiner liebe? – erschröcken sie auch da nicht, ich bitte sie; – doch nicht eine Weberische? – Ja eine Weberische – aber nicht Josepha – nicht Sophie – sondern Constanze; die Mittelste.*[126] Er schildert die Geliebte in den freundlichsten Farben. Sie sei ganz anders als ihre charakterlosen Geschwister geraten. Ihr Leben gleiche einem Martyrium. Bei Beschreibung der erotischen Reize legt er sich Zurückhaltung auf, streicht aber um so stärker die ökonomischen Qualitäten heraus: Genügsamkeit, Sparsamkeit, Wirtschaftlichkeit. Er fragt: *sagen sie mir ob ich eine bessere frau wünschen könnte?*[127]

Der Vater zeigt die kalte Schulter. Informanten hatten ihm eine abscheuliche Intrige hinterbracht. Mozart war von den Webers zwar weggezogen, aber tagtäglich zu Besuch gekommen. Cäcilie Weber hatte den Vormund ihrer Tochter Constanze, den Hoftheaterdirektionsrevisor Johann Thorwart, einen gerissenen Emporkömmling, veranlaßt, Mozart

88

ein Eheversprechen abzunötigen. Der Kontrakt legte fest, daß Mozart Constanze Weber binnen drei Jahren zu heiraten hatte; andernfalls müsse er ihr jährlich dreihundert Gulden Abfindung zahlen.

Vom Vater um Auskunft ersucht, stellt Mozart die Sache so hin, als hätten eben die Verleumder, die auch in Salzburg üble Nachrede über ihn verbreiteten, dem Vormund zugesetzt, der seinerseits zu Mutter Weber gelaufen sei. Er habe verlangt, daß die Tochter jeglichen Umgang mit dem Geliebten aufgebe, bis eine schriftliche Versicherung vorläge. Constanze aber habe ihre ganze Charaktergröße bewiesen, indem sie den Kontrakt kurzerhand zerrissen habe. Selbst für den Vormund und die Mutter findet Mozart Worte der Verteidigung. Sie als *verführer der Jugend* zu bezeichnen sei übertrieben.[128] Noch immer durchschaut er nicht – obwohl er doch hinreichend gewarnt sein mußte – die Kabalen, die sich um ihn spannen. Mutter Weber, einst so entgegenkommend, erweist sich plötzlich als gereizt. Sie macht – so jedenfalls sieht es Mozart – ihrer Tochter Constanze das Leben zur Hölle. Aber auch Constanze selbst gibt Anlaß zu Ärger: Auf einer lustigen Gesellschaft hat ihr ein Herr – welch ein Skandal! – die Waden gemessen! Mozart ist empört. Constanze reagiert beleidigt und gibt dem Geliebten brüsk einen Korb. Ein schlau angelegtes Manöver offenbar, das Eifersucht anheizen und zu rascher fester Bindung auffordern sollte.

Die Ereignisse spitzen sich noch dramatischer zu. Constanze hat ihre Mutter verlassen und ist zur Baronin von Waldstätten, einer Gönnerin Mozarts, gezogen. Cäcilie Weber beschlagnahmt daraufhin die Musikalien, die Mozart in ihrem Haus zurückgelassen hat, und droht, ihre Tochter mit der Sittenpolizei holen zu lassen. Zwar händigt die Weberin die Noten schließlich gegen Quittung aus; aber weiß man, ob sie auch den Skandal eines polizeilichen Eingriffs scheut? Ihn zu vermeiden, bleibt nur ein Weg: sofortige Heirat. Mozart richtet nachdrückliche Bitten um die väterliche Einwilligung nach Salzburg. Doch drängt die Zeit schließlich so sehr, daß er eine Antwort nicht mehr abwarten kann: Am 4. August 1782 findet die Hochzeit statt. Der Konsens des Vaters trifft erst tags darauf ein. Mozart entschuldigt die Voreiligkeit: Er sei sich des väterlichen Segens ganz gewiß gewesen.

Die Wiener Kirche St. Peter mit dem Hause «Zum Auge Gottes».
Stich von Karl Schütz, 1779

In der wildbewegten Zeit der Querelen um Constanze entsteht die Oper
Die Entführung aus dem Serail (KV 384). Daß Mozart seine Lebensge-
schichte hineingewoben sah, hat er selbst bezeugt. Er hat sich seine Constanze gleichsam durch eine «Entführung» ertrotzt – wie der Opernheld
Belmonte die Constanze aus dem Serail.

Die Oper ist durch die Bemühungen Kaiser Josephs II. um ein Nationalsingspiel in Wien angeregt worden. Mozart sieht seine Chance; der
«General-Spektakel-Direktor» Graf Orsini-Rosenberg vermittelt ihm
den Regisseur Gottlieb Stephanie den Jüngeren als Librettisten. Der
empfiehlt sich für eine Bearbeitung einer von Johann André vertonten
Operette «Belmont und Constanze, oder die Entführung aus dem Serail»
des schriftstellernden Leipziger Kaufmanns Christoph Friedrich Bretzner. Mozart selbst hat an der textlichen Einrichtung seinen Anteil. In einem Brief formuliert er sein «Credo» so: *bey einer opera muß schlechter-
dings die Poesie der Musick gehorsame Tochter seyn. – warum gefallen
denn die Welschen kommischen opern überall? – mit allem dem Elend was
das buch angelangt! – so gar in Paris – wovon ich selbst ein Zeuge war. –
weil da ganz die Musick herrscht – und man darüber alles vergisst. – um so*

mehr muß Ja eine opera gefallen wo der Plan des Stücks gut ausgearbeitet;
die Wörter aber nur blos für die Musick geschrieben sind, und nicht hier
und dort einem Elenden Reime zu gefallen:/ die doch, bey gott, zum werth
einer theatralischen vorstellung, es mag seyn was es wolle, gar nichts bey-
tragen, wohl aber eher schaden bringen:/ worte setzen – oder ganze stro-
phen die des komponisten seine ganze idee verderben. – verse sind wohl
für die Musick das unentbehrlichste – aber Reime – des reimens wegen das
schädlichste; – die herrn, die so Pedantisch zu wercke gehen, werden im-
mermit sammt der Musick zu grunde gehen. – da ist es am besten wenn ein
guter komponist der das Theater versteht, und selbst etwas anzugeben im
stande ist, und ein gescheider Poet, als ein wahrer Phönix, zusammen
kommen.[129]

Mozart hat sich der Protektion des Hofes versichert und hofft, die Oper
zu einem Besuch des russischen Großfürsten Paul präsentieren zu können. Indes wird der Besuch verschoben und schließlich mit einer anderen
Oper, von Gluck, gefeiert. Mozart ist der Aufschub nur recht; er kann
nun *mit mehr überlegung schreiben*[130].

Immerhin braucht er die für ihn ungewöhnlich lange Zeit von einem
Jahr. Am 16. Januar 1782 ist die Premiere. Fast wäre sie durch Intrigen zu
Fall gekommen – der Kaiser höchstpersönlich muß einschreiten. Um so

Joseph II. – Stich von Friedrich John
nach Friedrich Heinrich Füger

lautstärker lassen die Gegner bei den ersten Aufführungen von sich hören. Aber der Applaus siegt und erzwingt sich etliche Dakapos. Der Skandal mag sogar das Seine zu vollen Kassen beigetragen haben. Doch auch andernorts erweist sich das Stück als Magnet. Mozart konnte damit den größten Erfolg verbuchen, den er zu seinen Lebzeiten je auf dem Theater hatte.

Türkenstoffe waren die große Mode. Zwar waren die Schreckensbilder der osmanischen Bedrohung verblaßt, aber daß dort ein Krisenherd schwelte, sollte sich schon bald wieder zeigen. Indes ist in dem Bühnenstück die Türkei eher nur der Rahmen für ein politisches Modell. Mit der Figur des Bassa Selim tritt ein aufgeklärter Herrscher auf – vielleicht sogar in Anspielung auf Kaiser Joseph II.

Bezeichnenderweise ist die Schlußszene Bretzner gegenüber einschneidend verändert. Bei Bretzner wird Belmonte, der seine Constanze listig aus dem Serail zu entführen sucht, aber dabei entdeckt wird, von dem Bassa Selim als sein eigener Sohn erkannt. Bei Stephanie dem Jüngeren gibt der Bassa das Paar einzig aus Großmut zusammen. Der Konflikt wird sogar verstärkt: Belmontes Vater war des Bassas schärfster Gegner. Gewiß ist dies eine Idee der Aufklärung und als solche ein Ideal, das nur in der Utopie existierte. Ein Berichterstatter, rationalistisch gesinnt, übt daran Kritik, «daß wir falsche Grösse bewundern lernen, und, trotz aller dieser abendteuerlich grosmütigen Beispiele, nicht ein Fünkchen Grosmut mehr bekommen, als wir haben, weil alle diese Grosmuten zu unnatürlich sind, als daß wir sie nachahmen könnten»[131].

Das Singspiel, so wie Mozart es vorfand, hielt sich in der Regel an Typen; er aber macht Individuen daraus. Das zeigt sich auch darin, daß er nicht schlicht nach gut und schlecht einteilt, sondern Schattierungen sucht. Der Aufseher Osmin ist nicht grundweg böse und verschlagen, er hat auch (nicht zuletzt die Musik deckt es auf) ein Herz. Und der Bassa Selim ist gar nicht ein Ausbund an Güte, versucht er es doch, mit Gewalt Liebe zu erzwingen und Constanze zu «martern» – ihre berühmte Arie spricht für sich. Ihre Dienerin Blonde ist, recht besehen, keine Nebenfigur, sondern in ihrer Selbstbewußtheit (bezeichnenderweise gibt sie sich als Engländerin zu erkennen) eine Personifizierung weiblicher Emanzipation. Mozart zeigt durch seine Musik die Möglichkeit einer anderen Partnerschaft an, als sie im Finale dann funktioniert. Jedenfalls bleibt Constanze von dem Bassa nicht unbeeindruckt, und sogar Osmin offenbart einige liebenswerte Züge. Es kommt zu einer Verunsicherung der Gefühle, die als Nachdenklichkeit im Hörer weiterwirken will.

Das Aufspüren der Nuance in der Charakterisierung der Personen schlägt sich in der Musik nieder. Mozart selbst hat es kommentiert. Über die zweite Arie des Belmonte schreibt er seinem Vater: *O wie ängstlich, o wie feurig, wissen sie wie es ausgedrückt ist – die 2 violinen in oktaven . . . man sieht das zittern – wanken – man sieht wie sich die schwellende brust*

hebt – welches durch ein crescendo exprimirt ist – man hört das lispeln und
seufzen – welches durch die ersten violinen mit Sordinen und einer flaute
mit in unisono ausgedrückt ist. –[132]

Mozart läßt nichts unversucht, Constanze bei seinem Vater und bei der
Schwester in gutes Licht zu setzen. Schon ein Brief von Mitte September
1781 zeigt beim Zitat einer Arie der Constanze die Handschrift der Geliebten. Leopold Mozart mag gerätselt haben, wer sich hinter den Schrift-
zügen versteckt. Nachdem Mozart dem Vater sein Herzensgeheimnis entdeckt hat, strebt er familiäre Kontakte an. Er dürfte angeregt haben, daß
Constanze seiner Schwester Handarbeiten – *2 Hauben nach der Neuesten*
Wienner Mod[133] – fertigte. Auch in einem anderen Brief wird – geschickte
Spekulation auf weibliche Instinkte – mit der Mode geködert. Constanze
wendet sich selbst brieflich an Nannerl, in überhöflichem, ja devotem
Stil; Mozart dürfte hier die Feder geführt haben. Jene Zeilen hingegen,
die Constanze am 25. Mai 1782 an den zukünftigen Schwiegervater richtet, sind ganz ihr eigenes Produkt und dürften diesen in ihrem holprig
radebrechenden Ausdruck und der miserablen Orthographie ziemlich
entsetzt haben. Mochte sich Leopold Mozart auch zu einem gewissen
Wohlwollen durchringen, ja, bei einem späteren Besuch in Wien sogar
die hauswirtschaftlichen Tugenden Constanzes und die Kochkünste ihrer
kupplerischen Mutter loben: Er bleibt doch – und wie sich zeigen sollte,
mit einigem Recht – bei seiner Meinung, daß sich die Webersche Mentalität verhängnisvoll auf seinen Sohn auswirken würde.

Constanze Weber war im Künstlermilieu aufgewachsen. Sie war aufge-
weckt, wendig, anpassungsfähig, liebenswürdig. Indes waren ihrem Charakter auch eine gute Portion Leichtsinn, Lässigkeit, Unausgeglichenheit
beigemischt. Dies wurde in seiner Gefährlichkeit potenziert durch ähnliche Eigenschaften bei Mozart. Jeder der beiden hätte eines Ausgleichs
bedurft, eines Menschen, der die Zügel der Lebensführung straff in der
Hand hält, der kalkuliert, spart, ans Morgen denkt. So aber herrschte ein
stetes Auf und Ab. Man ließ sich treiben, vertraute dem Zufall, baute
Luftschlösser. Mal waren die Taschen gut gefüllt, mal gab es gar nichts.

Ein halbes Jahr war Mozart verheiratet, da droht schon der Kaufmann
mit Klage wegen gestundeter Rechnungen, und ein Darlehen muß her.
Vater Mozart beurteilt im März 1785 während seines Besuchs die Lage
günstig und meint – nach allem, was er beobachten kann –, der Sohn müsse in der Lage sein, 2000 Gulden (nach heutigem Wert etwa 60 000 DM)
zurückzulegen. Tatsächlich war dies Mozarts beste Wiener Zeit; aber offenbar drückten schon damals Schulden. Die doch erheblichen Einnahmen langten nicht hinten und vorn, und im November muß er seinen Verleger Hoffmeister bitten, ihm *nur mit etwas gelde beyzustehen*[134].

Es kamen schlimmere Zeiten, nämlich als die Einnahmen nicht mehr so
üppig flossen, eine Folge auch der allgemeinen wirtschaftlichen Destabi-

lisierung durch den Türkenkrieg – die adligen Gönner gaben sich nun eher knauserig. Daß Mozart, der viel auf Renommee hielt, sich am 24. April 1787 ein einfacheres Domizil in der Vorstadt suchen mußte, ist schon ein beredtes Zeichen. Es kam die Zeit der Bittschriften an den Logenbruder Michael Puchberg. Auch verpfändete Mozart seine Habe, nahm gewagte finanzielle Transaktionen vor und geriet in die Hände von Wucherern. Die (apokryphen) Erinnerungen Joseph Deiners, Hausmeister in einer seinerzeit von Mozart oft frequentierten Schankwirtschaft, überliefern eine Szene im November 1790: «Mozart und seine Frau tanzten damals tüchtig im Zimmer herum. Als Deiner fragte, ob Mozart seine Frau tanzen lehre, lachte Mozart und sagte: ‹Wir machen uns nur warm, weil uns friert und wir uns kein Holz kaufen können.›»[135]

Es kam aber wieder zum Aufwärtstrend. Mozarts letztes Jahr ließ sich günstig an und brachte guten Gewinn; die Aussichten waren noch verlockender – Einladungen zu Konzertreisen nach England und Rußland, von Amsterdam und Ungarn her angekündigte Pensionen. Gleichwohl waren bei Mozarts Tod seine Finanzen keineswegs konsolidiert, und seine Witwe hatte für erhebliche Passiva einzustehen.

Wie war es nur möglich, daß Mozart, der respektable Honorare kassierte und durchaus als bürgerlich wohlhabend gelten kann, in solchen Turbulenzen trudelte?

Es gibt die Hypothese, daß er sich bei Glücksspielen übernahm. Seine Begeisterung für das Billard, wo er hohe Einsätze wagte, ist belegt; der Vater rügt den Hang zum Risiko. Bei Kartenspielen wie dem damals modischen «Faro» konnte es gefährlicher werden. Möglich, daß Mozart hier in eine Gesellschaft geriet, bei der er nicht mithalten konnte. Spielschulden, die nicht beglichen werden konnten, galten als ehrenrührig; in einem Brief vom 27. Juni 1788 an Puchberg deutet Mozart an, er verlöre – wenn nicht umgehend Hilfe käme – seine *Ehre und Credit*[136]. Vielleicht ist es auch daraus erklärlich, daß sich die Hautevolee von ihm zurückzog und er in den letzten Jahren eher mit Musikern und Theaterleuten verkehrte.

Andere, weniger waghalsige Erklärungen sagen, daß Mozart stets über seine Verhältnisse gelebt habe. Er liebte den Luxus und wollte es darin den Großen gleichtun. Die Ansprüche an eine exzellente Garderobe waren enorm, und selbst in schweren Zeiten wurden Bedienstete gehalten. Die Wohnungen mußten standesgemäß groß sein; für den Sommer wurden Gartenhäuser angemietet. Als sich Constanzes Krankheiten einstellten, war Mozart für deren Linderung nichts zu teuer; die Kuren in Baden müssen Unsummen verschlungen haben. Schließlich nahm er Schulden auf, um alte Schulden zu decken, und geriet so in einen unheilvollen Kreislauf; außerdem war er gutmütig genug, selbst etwas an notdürftige Freunde zu verleihen, wo er doch, verschuldet, jeden Groschen hätte zusammenhalten müssen.

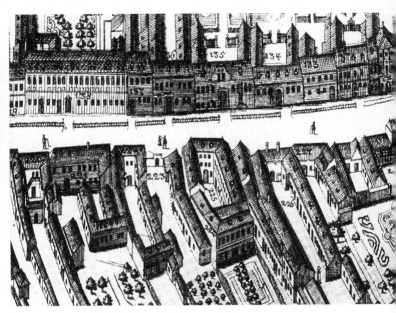

Wien, Landstraße Nr. 224 – Mozarts Wohnung 1787

Die Lebensführung war unstet – die vielen Wohnungswechsel, teils aufgezwungen, teils aus eigenem Antrieb vollzogen, sind typisch dafür. Für die Zeit vom Frühjahr 1781, da sich Mozart fest in Wien niederließ, bis zu seinem Tod im Dezember 1791 sind vierzehn verschiedene Quartiere nachweisbar! Es scheint fast, als hätte er, da sich kaum mehr Möglichkeiten für Reisen eröffneten, seinen Wandertrieb durch fortwährende Umzüge stillen wollen. Offenbar wirkte eine neue Umgebung auch als schöpferisches Stimulans.

Mozart hing an seiner Frau mit aller nur denkbaren Liebe. In einem Brief, datiert wenige Wochen nach der Hochzeit, nennt er sie sein *anderes ich* [137]. Und am 7. Juli 1791 schreibt er ihr nach Baden bei Wien, wo sie kurt: *. . . Du kannst nicht glauben wie mir die ganze Zeit her die Zeit lang um Dich war! – ich kann Dir meine Empfindung nicht erklären, es ist eine gewisse Leere – die mir halt wehe thut, – ein gewisses Sehnen, welches nie befriediget wird, folglich nie aufhört – immer fortdauert, ja von Tag zu Tag wächst.* [138] Gerade aus den letzten Lebensjahren gibt es Zeugnisse unverminderter Zuneigung. Allerdings sah sich Mozart – wie schon früher – auch genötigt, zu Sittsamkeit zu ermahnen; ins Casino zum Tanz zu gehen, und sei es nur, um zuzusehen, hielt er nicht für schicklich.

Constanze war auf die Verhimmelung stolz. Daß sie umsorgt, verehrt,

«Der Graben» in Wien mit dem Trattnerhof. Stich von Karl Schütz, 1781

ja mit Eifersucht verfolgt wurde, schmeichelte ihrer Eitelkeit. Bei den
Anekdoten, die sie für Rochlitz zusammenstellte, teilte sie etliche Vor-
kommnisse mit, die Mozart als hingebungsvollen Ehemann zeigen. Briefe
zur Veröffentlichung übermittelnd, weist sie darauf hin, welche «übergro-
ße Zärtlichkeit»[139] für sie aus ihnen spreche.

1797 wird sie mit dem dänischen Legationsrat Georg Nikolaus Nissen
bekannt, den sie 1809 heiratet. Anschmiegsam, wie sie ist, geht sie sogleich auf die so andersgeartete Mentalität ihres neuen Partners ein. Sie
wird pedantisch, bieder, geizig. Nissen steht für sie an Bedeutung Mozart
in nichts nach: «Ich hatte zwey große ausgezeichnete Männer, von denen
ich geliebt und geschätzt, ja ich muß sagen, angebethet wurde; auch sie
wurden beyde gleich, aufs zärtlichste von mir geliebt, und ich war daher
zweymalen vollkommen glücklich.»[140] Ihr Sohn Carl Thomas wird darauf
hingewiesen, daß sein Vater nur Schulden und weniger Mobiliar, als im
Heiratskontrakt festgelegt, hinterlassen habe; erst ihr, Constanze, sei es
«mit Mühe und Beschwerlichkeit» gelungen, durch Konzertreisen und
den Verkauf von Originalpartituren nicht allein die Schulden zu tilgen,
sondern auch «ein kleines Capital zu sammeln», das Nissen vermehren
geholfen habe.[141]

Als Vincent und Mary Novello Constanze Mozart 1829 besuchten, erschien sie ihnen als eine feine Dame, die fließend französisch und italie-

nisch sprach und über gute und einnehmende Manieren verfügte; die Ungezwungenheit, mit der sie den Gästen gegenübertrat, habe verraten, daß sie sich viel in Gesellschaft umgetan und die Welt kennengelernt habe.[142] Von Mozart habe sie «mit Zärtlichkeit und Liebe» gesprochen, obzwar – so stellt Novello überraschend fest – «nicht mit der Begeisterung, die ich von der Frau erwartet hätte, die ihm so nahe und so teuer war»[143].

Mozarts Grab hat Constanze nie aufgesucht; dem Begräbnis wohnte sie nicht bei, weil sie – so entschuldigt sie sich später – vor Schmerz krank geworden sei und schlechtes Wetter war. Am 6. Dezember 1791 – wie die Eintragung im Totenbuch der Pfarre St. Stephan lautet – hat es freilich weder gestürmt noch geregnet; dem Wetterbericht nach fiel gar kein Niederschlag, und es herrschte Windstille. Um den Widerspruch zu lösen, muß ein Schreibfehler beim Datum angenommen werden; tatsächlich sah die Begräbnisordnung eine achtundvierzigstündige Wartezeit zwischen Tod und Bestattung vor. Überhaupt dürften etliche Vorgänge – auch solche, die heute pietätlos anmuten – den in der josephinischen Zeit eingeführten rationalistischen Gebräuchen geschuldet sein. Mozart erhielt kein Armenbegräbnis; gleichwohl bleibt festzustellen, daß es nach der billigsten, dritten Klasse ausgerichtet wurde. Seine sterblichen Überreste kamen in ein Schachtgrab, das bis zu zwanzig Särge faßte. Den Sarg auf der Überführung zu be-

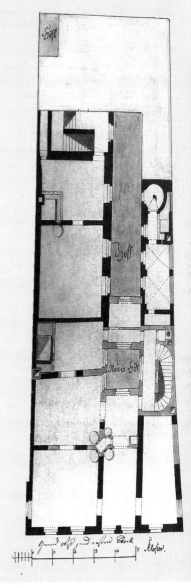

Grundriß von Mozarts letzter Wohnung in Wien

gleiten war nicht üblich; überdies war es zum Friedhof St. Marx eine gute Stunde Weg.

Als Georg Nikolaus Nissen 1826 in Salzburg starb, ließ ihn Constanze im Mozartschen Familiengrab – wie zuvor schon eine ihrer Tanten – beisetzen. Sie okkupierte die Stätte mit erstaunlicher Rigidität. Nissens wurde mit einem pompösen Grabstein gedacht, das Andenken an Leopold Mozart, den Schwiegervater, hingegen gelöscht.

Das Verhältnis Constanzes zu ihrem Schwiegervater, von Anfang an durch Vorurteile getrübt, war auch nicht – wie Mozart gehofft hatte – durch die persönliche Begegnung zu verbessern. Bald nach der Hochzeit kündigt er einen Besuch in Salzburg an, um Constanze dem Vater vorzustellen. Die Reise wird mehrfach verschoben, aus geschäftlichen Gründen – die Saison läuft gut – wie privaten: Constanze ist schwanger. Auch gibt es Bedenken, der Salzburger Erzbischof, der Mozart ja nie formell entlassen hatte, könne ihn in Arrest nehmen. Schon äußert Leopold Mozart, verstimmt auch darüber, daß er nicht wie vorgesehen bei seinem ersten Enkel zum Gevatter genommen wurde, den Verdacht, er werde wohl nur gefoppt, da brechen die Mozarts Ende Juli 1783 endlich nach Salzburg auf. Schwiegervater wie Schwägerin begegnen Constanze mit frostiger Freundlichkeit. Constanze dürfte sich in ihrer Würde beleidigt gefühlt haben; daß sie Rache schwor, scheint verständlich.

Für Mozart war die Reise kein Urlaub. Unentwegt ist er beschäftigt, ungeachtet der familiären Mißhelligkeiten. In der Peterskirche führt er, sein Gelübde erfüllend, eine Messe auf. Mit dem Librettisten Varesco wird an einer Oper gebosselt. Michael Haydn wird durch die Komposition zweier *Duos für Geige und Bratsche* (KV 423 und 424) Gefälligkeit erwiesen – ein Auftrag des Erzbischofs, den auszuführen Haydn durch Krankheit verhindert war, den er so aber, den wahren Verfasser (mit dessen Billigung) verschweigend, als erfüllt melden kann. Und doch findet sich auch für Geselligkeit Zeit. Man stattet Besuche ab, geht ins Theater, unternimmt Ausflüge, arrangiert Hausmusiken, beteiligt sich am Bölzelschießen.

Als Mozart 1781 beschloß, in Wien zu bleiben, baute er auf günstige berufliche Aussichten. Jedenfalls schilderte er sie dem Vater in rosigen Farben: Wien sei ein *Herrlicher ort* und für sein Metier *der beste ort von der Welt*[144]. Bald läßt er sich aber ziemlich kleinlaut vernehmen: Er habe gerade die schlechteste Saison erwischt, und die dreißig Dukaten, die er, als Zeichen ökonomischer Selbständigkeit, nach Salzburg geschickt habe, seien wirklich das Äußerste, was er sich abknappen könne.

Welche Chancen malt Mozart sich aus? Das Ideal wäre – trotz der schlechten Erfahrungen mit dem Salzburger Dienst – eine feste, womöglich höfische Bindung. Pläne, dem Fürsten Alois Joseph von Liechten-

Michael Haydn.
Stich von Johann Friedrich
Schröter d. Ä.

stein oder dem Erzherzog Maximilian Franz als Kapellmeister zu dienen, scheitern. Auch aus der erhofften Berufung zum Klavierlehrer einer württembergischen Prinzessin wird nichts. Am kaiserlichen Hof anzukommen ist aussichtslos, da alle Positionen besetzt sind. Überdies tun – mag auch der Kaiser Mozart gnädig gesonnen sein – mediokre Fachkollegen, die um ihre Pfründe bangen, das Ihre, dem gefährlichen Konkurrenten die Karriere zu verbauen. Mozart muß sechs Jahre warten, bis ihm eine Stellung zuteil wird, die zwar nur gering honoriert ist und seine Fähigkeiten nicht im mindesten ausschöpft, aber immerhin ökonomisch einigermaßen absichert.

Gluck, seit 1774 «wirklicher k. u. k. Hofcompositeur», war am 17. November 1787 verstorben. Mithin war die Stelle frei geworden; aber Mozart wird nur zum «k. u. k. Kammermusicus» ernannt. Damit verbunden ist eine rigorose Gehaltskürzung: Vereinnahmte Gluck zweitausend Gulden, so Mozart nur achthundert. Und sein Wirkungskreis beschränkt sich auf (von ihm allerdings aufs feinste ausgearbeitete) musikalische Unterhaltungsware: Er hat für die höfischen Maskenbälle Tänze zu komponieren! Zwar nannte sich Mozart gelegentlich k. u. k. Hofkapellmeister; doch war dieser höchste musikalische Rang am Hofe anderen, seinerzeit

99

bewunderten, umworbenen, heute eher nur noch aus Mozarts Biographie bekannten Männern vorbehalten, nämlich Joseph Bonno (bis 1788) und Antonio Salieri.

Vom Komponieren allein ließ sich – zumal zu einer Zeit, die weder Autorenschutz noch Tantiemenzahlung kannte – nicht leben. Mozart muß wieder Unterricht erteilen, was ihm verhaßt ist. Allerdings sieht er auf angemessenes Entgelt und ist nicht schüchtern in seinen Honoraren. So kommen zu ihm vor allem Schüler aus Kreisen der reichen Aristokratie und Großbourgeoisie. Oft sind es Damen, deren Väter oder Gatten musikalisches Talent als besonderen weiblichen Reiz erachten. Mit dem musikalischen ABC quält sich Mozart nicht ab; man muß schon etwas zeigen können, um von ihm unterrichtet zu werden. Es gelingt ihm, aus Dilettanten beachtliche Leistungen herauszulocken.

Es gibt auch Schüler, die die Musik zur Profession machen wollen. Den jungen Johann Nepomuk Hummel nimmt Mozart – nach alter Sitte – gleich zu sich ins Haus. Im April 1787 spricht der sechzehnjährige Ludwig van Beethoven vor. Er ist von Bonn nach Wien gekommen, um bei Mozart zu lernen; aber schon nach zwei Wochen ruft ihn eine schwere Erkrankung der Mutter zurück. 1792 wird er sich erneut nach Wien begeben, um – wie sein Mäzen Graf Waldstein in sein Stammbuch schreibt – «Mozart's Geist aus Haydens Händen» zu erhalten.

Wie Mozart bei Klavierlektionen vorging, ist nicht überliefert; doch berichten über seinen Vortragsstil Briefe und Zeugnisse der Zeitgenossen. Er haßt selbstgefälliges Posieren; die Tochter des Klavierbauers Stein, die sich mit Grimassen und Gesten nicht genugtun konnte, nimmt er sich höchst ironisch vor. Das Über-der-Sache-Stehen zeigt sich gerade

EINLASS - KARTE
ZUM
CONCERT
VON
W. A. Mozart.

Nachricht.

Donnerstag den 10ten März 1785. wird Hr. Kapellmeister Mozart die Ehre haben in dem

k. k. National-Hof-Theater

eine

grosse musikalische Akademie

zu seinem Vortheile

zu geben, wobey er nicht nur ein neues erst verfertigtes Forte piano - Konzert spielen, sondern auch ein besonders grosses Forte piano Pedal beym Phantasieren gebrauchen wird. Die übrigen Stücke wird der grosse Anschlagzettel am Tage selbst zeigen.

in einem Minimum an mimischem und gestischem Aufwand. Er lobt den Geiger Ignaz Fränzl: *er spiellt schwer, aber man kennt nicht daß es schweer ist, man glaubt, man kann es gleich nachmachen, und das ist das wahre.*[145]

Auch durch rasende Geschwindigkeit Eindruck zu schinden, lehnt Mozart ab; er meint sogar, es sei leichter, ein Stück schnell als langsam zu spielen. Nissen überlieferte die Worte: *Da glauben sie, hierdurch soll's feurig werden; ja, wenn's Feuer nicht in der Composition steckt, so wird's durch's Abjagen wahrlich nicht hinein gebracht.*[146]

Neben dem Unterricht verhilft das Konzertieren zu Einnahmen. Teils veranstaltet Mozart eigene Konzerte, teils assoziiert er sich mit Kollegen, teils nimmt er Engagements an. Er tritt in öffentlichen, jedermann gegen Bezahlung zugänglichen Konzerten auf und in geschlossenen Gesellschaften der Aristokratie. 1782 wird Mozart Kompagnon von Philipp

Jakob Martin, der privilegiert ist, im Restaurationsgebäude des Augartens Konzerte zu geben. 1783 veranstaltet er eine eigene Akademie im Wiener Hoftheater, der der Kaiser beiwohnt. 1784 verbindet er sich wieder mit einem Kollegen, dem Pianisten Georg Friedrich Richter, und kündigt sechs Konzerte im Saal des Trattnerhofs, seiner damaligen Wohnung, an. Um finanziell sicherzugehen, läßt er Subskriptionslisten kursieren und kann großen Erfolg verbuchen: einhundertvierundsiebzig Abonnenten, darunter die angesehensten und zahlungskräftigsten Honoratioren! Hinzu kommen Ansuchen für private Soireen.

Fast jeder Tag in Mozarts Kalender ist belegt. Er muß es seinem Vater gestehen, er sei *auf die lezthin müde geworden – vor lauter spielen*; und es mache ihm keine geringe Ehre, daß es seine Zuhörer nie wurden.[147] Leopold Mozart kann sich, als er 1785 seinen Sohn besucht, von dessen Geschäftigkeit selbst ein Bild machen. Fast wird es ihm zuviel, was sich da abspielt. Er klagt seiner Tochter: «wenn nur einmahl die Akademien vorbey sind: es ist ohnmöglich die schererey und Unruhe alles zu beschreiben: deines Bruders Fortepiano Flügel ist wenigst 12 mahl, seit dem hier bin, aus dem Hause ins Theater oder in ein andres Haus getragen worden . . .»[148]

Ein Arbeitstag, wie ihn Mozart im Februar 1782 (noch vor seiner Verheiratung) schildert, sieht so aus: Sechs Uhr fertig frisiert. Sieben Uhr angekleidet. Bis neun Uhr komponieren. Neun bis ein Uhr Lektionen. Dann speisen, zu Hause oder um zwei oder drei Uhr auf Einladung. Das Komponieren beginnt wieder um fünf oder sechs Uhr; hindert keine Akademie daran, zieht es sich bis neun Uhr hin. Dann Besuch bei Constanze. Halb elf oder elf Uhr Rückkehr, wieder Komponieren, oft bis ein Uhr.[149] Ein Pensum, das oft genug zur Erschöpfung geführt haben mag. Mozart, dessen Konstitution schon in seiner Kindheit durch die immensen Strapazen gelitten hatte, mutet sich zuviel zu.

Dabei muß er noch dankbar sein, daß er so gefragt ist! Nach den mittachtziger Jahren nämlich verschwindet sein Name mehr und mehr aus dem Konzertleben. Kaum noch erfährt man von Akademien oder Engagements. Mit dem Versiegen der wichtigsten Einnahmequelle ist Mozarts Existenz angeschlagen. Verzweifelt sucht er nach Rettung. Sich der Triumphe als Wunderkind erinnernd, baut er aufs Ausland. Schon zu Beginn der achtziger Jahre, als es nicht so recht gelingen will, in Wien Fuß zu fassen, erwägt er Pläne, nach Paris oder London zu gehen. Der Vater, noch immer machtvolle Respektsperson, sagt ein entschiedenes Nein. 1786 steht das Projekt wieder zur Debatte. Mozart ist in Wien mit englischen Musikern – Thomas Attwood, Michael O'Kelly, Nancy und Stephen Storace – bekannt geworden, die in London Protektion erwirken können. Intensiv betreibt er Sprachstudien. Abermals stellt sich der Vater dazwischen. Er sollte sich während der Auslandsreise um Mozarts Kinder kümmern – was er strikt ablehnt.

1789 unternimmt Mozart noch einmal einen Versuch, in Wien eine eigene Konzertreihe einzuführen. Er scheitert damit katastrophal. So schreibt er dem Logenbruder Michael Puchberg: *mein Schicksal ist leider, aber nur in Wien, mir so widrig, daß ich auch nichts verdienen kann, wenn ich auch will; ich habe 14 Tage eine Liste herumgeschickt, und da steht der einzige Name Swieten!* [150]

Im März 1783 wird in Wien die Deutsche Oper, an die sich so große Hoffnungen geknüpft hatten, aufgelöst. Statt dessen faßt wieder die Italienische Oper Tritt. Zwar wird der Beschluß im gleichen Jahre insofern gemildert, als das Kärntnertor-Theater, das in höfische Regie gekommen war, auch deutsche Piecen spielt; doch leiden die Aufführungen unter unzulänglicher Qualität und versiegen 1788 völlig.

Ermutigt durch den Erfolg der *Entführung,* beschäftigt Mozart sich Anfang 1783 mit einer neuen deutschen Oper nach Carlo Goldonis «Il servitore di Due Patroni». Das Projekt steht auf unsicheren Füßen, weil kein Auftrag vorliegt; durch die Veränderungen im Theaterwesen wird es ohnehin hinfällig.

Mozart wendet sich nun, die neuen Chancen erwägend, der italienischen Oper zu. In seiner Not versucht er es noch einmal mit dem Salzburger Hofkaplan Varesco, dem Verfasser des *Idomeneo*-Textes. Das Buch der Buffa *L'oca del Cairo* (KV 422) gibt allerdings, als es Mozart mit dramaturgischem Scharfblick prüft, zu vielen Beanstandungen Anlaß. Dennoch beginnt er mit der Komposition und kann im Dezember 1783 den ersten Akt fast abschließen. Nun aber drängt er auf Änderungen. Der eitle Hofkaplan scheint sich ihnen verschlossen zu haben – das Werk bleibt Bruchstück.

Als Mozart mit Varesco in Salzburg diskutiert, hat er noch einen anderen Operntext in petto: *Lo sposo deluso* (KV 439). Auch dies eine Buffa – auch sie kommt nicht über Ansätze hinaus. Mozart war gut beraten, wenn er – das dramatische Ganze vor Augen – die Komposition lieber einstellte, als daß er dramaturgische Mängel in Kauf nahm und sich mit Halbheiten zufriedengab.

Weiter wird Ausschau nach einem guten Libretto gehalten. Am 7. Mai 1783 schreibt Mozart dem Vater: *ich habe leicht 100 – Ja wohl mehr bücheln durchgesehen – allein – ich habe fast kein einziges gefunden mit welchem ich zufrieden seyn könnte; – wenigstens müsste da und dort vieles geändert werden. – und wenn sich schon ein dichter mit diesem abgeben will, so wird er vielleicht leichter ein ganz Neues machen. – und Neu – ist es halt doch immer besser.* [151] Mozart erwähnt einen *gewissen abate da Ponte,* der ihm ein Libretto versprochen habe, indes erst eines für Salieri schreiben müsse; freilich hegt er, bei seinem eingefleischten Mißtrauen Italienern gegenüber, Bedenken, ob der Dichter sein Wort auch halten wird. [152] Sollte sich die Zusammenarbeit mit Salieri bewähren, werde er wohl zeitlebens auf

Lorenzo da Ponte.
Porträt nach Nathan Rogers

Einlösung des Versprechens warten können. Das Gegenteil geschieht. Salieri schwört, da seine Oper durchfällt und er die Schuld aufs Libretto schiebt, sich lieber die Finger abschneiden zu lassen, als jemals wieder da Pontes Verse zu vertonen.

Lorenzo da Ponte, wie sich der Italiener Emmanuele Conegliano nach seiner Konversion vom jüdischen zum christlichen Glauben nannte, hatte ein Priesterseminar besucht und die höheren Weihen erhalten; seither titulierte er sich «Abbate». Poetisches Talent, kritischer Sinn und Lust am Abenteuer drängten ihn aber von der geistlichen Karriere ab. Als ruchbar wurde, daß er es mit einer verheirateten Venezianerin trieb, sollte er sieben Jahre Kerker absitzen. Er floh und suchte sich als Poet zu empfehlen. Von Salieri protegiert, wurde er Theaterdichter der Wiener Italienischen Oper. Er verstrickte sich in Intrigen, die ihn, als sein hoher Beschützer, Kaiser Joseph II., starb, zu Fall brachten. Darauf wandte er sich nach London, machte dort bankrott, wanderte nach New York aus, versuchte sich in Geschäften, geriet, zum Theater zurückgekehrt, wieder in finanzielle Bedrängnis, schrieb seine Memoiren, starb 1838.

Wie da Ponte selbst bezeugt, war es Mozart, der *Figaros Hochzeit* als Opernsujet empfahl. Beaumarchais hatte mit seiner am 27. April 1784 in Paris uraufgeführten Komödie, dem Mittelteil einer Trilogie (mit dem «Barbier von Sevilla» als Ansatz), einen Sensationserfolg erzielt. Schon die Vorgeschichte ist spannend: Der französische König Luwig XVI. ächtete das Stück als «abscheulich». Es die Zensur passieren zu lassen wäre – so meinte er – eine gefährliche Inkonsequenz, wenn man nicht vorher die Bastille niederreißen ließe. Aber es gab Aristokraten, die das Spiel mit dem Feuer reizte, die Lesungen des Autors arrangierten und schließlich sogar eine Aufführung vor geschlossener Gesellschaft ertrotzten. Nun ließ sich auch die Öffentlichkeit nicht länger hinhalten, und der König mußte nachgeben.

Im Ausland gab es ähnliche Kämpfe. Am 3. Februar 1785 sollte der «Figaro», in der Übersetzung von Johann Rautenstrauch und in Szene gesetzt von der Schikanederschen Schauspielertruppe, in Wien Premiere haben. Es wird jedoch ein Dementi veröffentlicht: Das Stück sei von der Zensur zwar zum Druck, nicht aber zur Aufführung freigegeben.

Mozart mag von Schikaneder – den er ja schon von Salzburg her kannte – auf Beaumarchais hingewiesen worden sein. Er kauft sich das Textbuch und ist hingerissen. Was er da liest, entspricht seiner kritischen Sicht – und schreit nach Musik! Würde aber eine Aufführung als Oper überhaupt möglich sein, da doch das kaiserliche Verdikt vorlag? Der Baron von Wetzlar, in dessen Haus sich Mozart und da Ponte erstmals begegnet sind, bietet sich als Mäzen an. Er will das Libretto und Aufführungen im Ausland finanzieren. Der schlaue da Ponte schlägt einen anderen Weg vor: Man solle in aller Stille arbeiten und es dann ihm, da Ponte, überlassen, die Oper bei günstiger Gelegenheit anzubringen.

Als die Partitur fertig ist, ergibt sich das eher als gedacht. Das Theater sucht Neuheiten. Da Ponte erzählt dem Kaiser von Mozarts *Figaro*-Vertonung. Dieser wendet ein, das Stück sei doch verboten. Da Ponte entgegnet, er habe die Komödie in eine Oper verwandelt und dabei die Anstößigkeiten getilgt. Der Kaiser vertraut ihm. Auch seine Zweifel in die musikalischen Qualitäten werden beschwichtigt. Mozart wird aufs Schloß beordert und bietet Proben, die viel Anklang finden. Kaiser Joseph II. befiehlt die Inszenierung.

Der Kaiser mochte auch seine taktischen politischen Gründe gehabt haben. Er war es ja selbst, der gegen die Adelsprivilegien vorging; wenn hier nun gezeigt wurde, wie ein Aristokrat von seinen Angestellten überlistet wird, konnte es ihm nur recht sein. Ohnehin ist das «Recht der ersten Nacht», die Demonstrierung der Abhängigkeit bis ins Sexualverhältnis hinein, moralisch offensichtlich so verwerflich, daß es wohl auch aufs Korn genommen werden konnte.

Der Graf Almaviva kann, genau besehen, seinen Despotismus nur noch in Worthülsen packen und muß am Schluß zurückstecken. Die Frauen halten die Trümpfe in der Hand – wieder einmal zeigt sich der emanzipatorische Zug; die Kammerzofe Susanne fädelt die Intrige ein, die Gräfin macht mit ihr – und muß dabei ihren bevorrechteten Stand vergessen – gemeinsame Sache. (In dem berühmten Briefduett, wo die eine die Melodie der anderen übernimmt, zeigt sich dies ohrenfällig.) Figaro als Kammerdiener des Grafen ist politisch keineswegs so entschärft worden, wie es gewisse Kommentatoren weismachen wollen; zwar ist die große Philippika, die ihm Beaumarchais zugedacht hatte, gestrichen, dafür steht aber die aufsässige, bedrohliche Kavatine «Will der Herr Graf ein Tänzchen einst wagen» ironischerweise im Menuettschritt, der hier geradezu gefährlich wirkt. Beaumarchais' Aggressivität ist gar nicht in dem Maße zurückgenommen worden, wie es da Ponte dem Kaiser gegenüber hinzustellen suchte. Die Fabel bleibt im wesentlichen unangetastet, und es gibt der Sticheleien genug. Aber zweifellos hat da Ponte mehr mit Licht und Schatten gearbeitet und kam damit den dialektischen Intentionen Mozarts entgegen. Diese Personen sind keineswegs das Sprachrohr von Ideen; sie stehen in einem Spannungsfeld zwischen ihrer sozialen Stellung und ihren Gefühlen.

Der Librettist hat in einem Vorwort selbst über Ursache und Wesen der Veränderungen berichtet. Er hatte zu bedenken, daß die Musik Raum zur Entfaltung braucht. Er reduziert die Personenzahl, kürzt, erweitert aber auch durch lyrische, reflektierende Passagen. Er schreibt Verse, die nach Musik geradezu drängen. Andererseits versteht er es, die verwickelten Intrigen, von denen keine geopfert wird, übersichtlich darzulegen.

Schließlich ist er darauf bedacht, den Handlungsverlauf nicht nur den Rezitativen zuzuweisen, sondern ihn in die eigentlichen Gesangsnummern hineinzutragen. Und hier wiederum werden die Ensembles den Solostücken gegenüber aufgewertet. Bisher eher eine Randerscheinung, gewinnen sie Gleichberechtigung: vierzehn Arien – vierzehn Ensembles. Kulminationspunkt der Dramatik sind die Finales. Da Ponte bezeichnet das Finale als «ein kleines Drama für sich»[153]. Jenes des zweiten Aktes ist das unübertroffene Muster dafür.

In Mozarts Werkverzeichnis steht «opera buffa», im Erstdruck des Librettos «comedia per musica». Es scheint schon nötig, auf die Besonderheit hinzuweisen. Denn gewiß herrscht brillanter Buffostil; jedoch sind allemal empfindsame, ja ernste Züge eingemischt. Und es werden der Charakter oder die Situation nicht im Typ erfaßt, sondern in ihrer Individualität. Angezeigt ist der Ausdruck der Zwischentöne – die erst die Wahrheit ausmachen.

Mozarts Musiksprache legt sich als «Metasprache» über das Wort. Stets sagt sie mehr, als dieses ausdrückt; sie illustriert oder kommentiert, auch durch Ironie oder Widerspruch. Dabei vermeidet sie das allzu Glatte, Wohlvertraute und nutzt auch den Bruch oder die Störung als Ausdruckswert.

Figaros Apotheose auf den Militarismus in seiner an Cherubino gerichteten Arie entlarvt sich als Satire. In dem Terzett zwischen dem Grafen, seinem Musikmeister Basilio und Susanne werden für komisches Pathos, für Speichelleckerei und verstecktes Sticheln die gemäßen distanzierenden Zeichen gefunden und im Miteinander zusammengeführt. Die als Gräfin verkleidete Susanne singt von Liebe und richtet sich damit an Figaro; ihr Kleid ist Maske, aber ihr Gesang nicht – dies stiftet Verwirrungen. (Figaro, der sie nur hört, nicht sieht, vermutet sie auf einem Seitensprung.) Die Musik weiß allemal mehr, als die Personen wissen – sie ist der allgegenwärtige «Erzähler».

Als die Aufführung heranrückte, galt es nun noch, von persönlicher Mißgunst genährte Kabalen abzuwehren. Das Wiener Hoftheater

Theaterzettel der Uraufführung am 1. Mai 1786

scheint nämlich keineswegs so arm an Neuheiten gewesen zu sein, wie da Ponte es hinstellt. Mit *Figaros Hochzeit* lagen noch zwei weitere Opern in Konkurrenz, darunter eine des favorisierten Salieri. Daß Mozart vom Kaiser bevorzugt worden war, machte böses Blut. Auf den Proben wurde heftig intrigiert. Die Gegner erlitten Niederlagen, steckten aber keineswegs auf, sondern wollten den Sturz der Oper bei der Premiere am 1. Mai 1786 erzwingen. Ein Wiener Rezensent berichtet: «ungestümme Bengel im obersten Stockwerke strengten ihre gedungenen Lungen nach Kräften an, um mit ihren St! und Pst! Sänger und Zuhörer zu betäuben.»[154] Es gelang sogar, das Publikum schwankend zu machen; aber von der zweiten Vorstellung an war der Erfolg besiegelt. Fünf Nummern wurden da capo verlangt, beim nächsten Mal sogar sieben!

Figaros Hochzeit kam bald auch nach Prag und wurde enthusiastisch gefeiert. Seit sie 1783 die *Entführung* gehört hatten, waren die Prager auf Mozart eingeschworen. Nun wird er dorthin eingeladen. Am 8. Januar 1787 bricht er mit Frau, Sohn und Schwager auf.

Hier anerkannt zu sein bereitet ihm Genugtuung. Er berichtet seinem Freund Jacquin über den Besuch eines Balles und schreibt: *ich sah aber mit ganzem Vergnügen zu, wie alle diese leute auf die Musick meines figaro, in lauter Contretänze und teutsche verwandelt, so innig vergnügt herumsprangen; – denn hier wird von nichts gesprochen als vom – figaro; nichts gespielt, geblasen, gesungen und gepfiffen als – figaro: keine Opera besucht als –*

Die Villa
Bertramka –
Mozarts Prager
Domizil

figaro und Ewig figaro; gewis grosse Ehre für mich.[155] Auch ein Konzert, das er im Prager Nationaltheater veranstaltet, erweist sich als Triumph. Das wichtigste Ergebnis der Reise aber ist ein Opernauftrag des über die vollen Kassen beim *Figaro* erfreuten Prinzipals Pasquale Bondini.

Nach Wien zurückgekehrt, bespricht sich Mozart sogleich mit da Ponte. Der ist zwar genügend mit Aufträgen eingedeckt, sagt aber dennoch zu. Wie da Ponte berichtet, ist er es gewesen, der Mozart den *Don Giovanni* als Opernstoff vorgeschlagen hat. Gleichzeitig schreibt er nun an drei Büchern: für Mozart, Vicente Martín y Soler und Salieri! Seinen Memoiren nach ist die Arbeit bei Tokaier, Tabak und Flirt rasch vorangeschritten. Nach dreiundzwanzig Tagen sind Mozart und Martín y Soler mit Texten bedient und Salieri zu mehr als zwei Dritteln. Täglich wird, mit nur einer kurzen Pause, zwölf Stunden lang gedichtet: nachts für Mozart, morgens für Martín y Soler, abends für Salieri.

Die legendäre Figur des Don Giovanni, von Molière und Goldoni poetisch eigenwillig ausgedeutet, kam im achtzehnten Jahrhundert auch auf die Musikbühne. Gluck komponierte 1761 ein Ballett. Ein «dramma tragicomico» von Vincenzo Righini gelangte nach Wien. Große Furore machte eine im Jahr 1787 in Venedig aufgeführte Don-Giovanni-Oper von Giuseppe Gazzaniga nach einem Libretto von Giuseppe Bertati. Da Ponte witterte gute Chancen und nahm sich wie beim *Figaro* Beaumarchais so beim *Don Giovanni* Bertati als Modell. Dafür stehen nicht nur die Charaktere und die szenische Architektur, es zeigt sich sogar in wortwörtlichen Entlehnungen.

Die Dämonisierung des Titelhelden geht vor allem auf die 1813 erschienene Erzählung von E. T. A. Hoffmann zurück. Es gibt Deutungen in Fülle, nicht zuletzt auf philosophischem Felde. Ist Don Giovanni Schreckbild oder Wunschtraum? Personifiziert er den Abstieg eines alten Systems (bis in die Perversion hinein) oder den Aufstieg eines neuen, gegen das Dogma revoltierenden? Er ist die Mensch gewordene Anarchie. Jean-Pierre Ponnelle ist so weit gegangen, ihn als einen Terroristen darzustellen.

Die kritische Sicht entscheidet sich an jener zentralen Stelle zu Beginn, da Donna Anna, gefolgt von Don Giovanni, aus dem Hause stürzt, um Hilfe ruft, ihr Vater erscheint, den Verführer zum Duell auffordert und niedergestreckt wird. Zu fragen ist, was wohl vorher in Donna Annas Zimmer geschah. (Für Walter Felsenstein ist es der Angelpunkt seiner Berliner Inszenierung von 1966.[156]) Donna Annas Verführung anzunehmen läge im Sinne der Legende von der dämonischen Unwiderstehlichkeit des Protagonisten. Es dürfte aber anders gewesen sein: Don Giovanni ist nicht zum Ziele gekommen, er hat eine Niederlage erlitten. (Eine Vergewaltigung anzunehmen verbietet ohnehin sein Ehrenkodex.) Verfolgt man diese Spur weiter, so schließt sein Verdammungsspruch durch den Toten als «steinernen Gast» auch eine Erlösung ein: Er gewinnt eine Größe, die ihm die neue bürgerliche Lebensform verwehrt.

Aber auch die Figur der Donna Anna ist ambivalent. Denn der Aufstand gegen das Reglement, wie ihn Don Giovanni vorführt, hat ja auch seine Anziehungskraft, und das Objekt seiner Begierde zu sein mag schmeicheln. Donna Anna und ihr Bräutigam Don Ottavio können der Entfesselung der Sinne nur die edle Phrase gegenübersetzen. Ihr Gefühl erstarrt in Etikette und Rhetorik.

Es ist klug pointiert, den Diener Leporello als «Don Giovanni der kleinen Leute»[157] zu bezeichnen. Er bietet keineswegs seinem Herrn Paroli, sondern möchte – möglichst unter Domestizierung des Abenteurerlebens – im Grunde so sein wie er. In seiner berühmten Register-Arie begeistert er sich geschwätzig an der Erfolgsliste seines Gebieters. Zur Musik eines bemühten Menuetts äfft er nach, wie sein Herr den Damen den Hof macht. Seine Warnungen vor ihm lassen eher Neid durchscheinen. Allerdings sinkt die bewundernd dem Vorbild abgesehene große Geste sofort in sich zusammen, wenn Gefahr droht. Da gilt es dann nur noch, den Kopf möglichst geschickt aus der Schlinge zu ziehen.

Die Musiksprache der Donna Anna ist konservativ gehalten. Aber der dramatische Impetus ist beachtlich. Die betrogene Ehefrau des Don Giovanni gibt so leicht nicht auf und fährt ihm immer wieder dazwischen. Sosehr sie gegen ihn aufwiegelt, sosehr ist sie an ihn gekettet. Mit seinem Tode ist auch ihr Leben zu Ende; sie geht ins Kloster.

Die Benennung «dramma giocoso» für den *Don Giovanni* dürfte mit Bedacht gewählt sein. Daß das Drama dominiert, zeigt sich an der eminenten Aufwertung der Ensemble-Szenen; dabei dringen Setzweisen der Instrumentalmusik, wie eine ausgefeilte thematische Durchführungstechnik, in die Oper ein. Der dauernd in Aktionen verstrickten Titelfigur bleibt gar keine Zeit zur Reflexion; mithin sind ihr keine großen Arien zugeordnet, sondern eher nur Genrestücke. Die Auftritte des Komturs sind Szenen von einer innovativen Klanggewalt, die ihresgleichen suchen.

Die Oper macht das musikalische Zitat zum dramatischen Mitspieler. In der Festszene steht eine (kostümierte) kleine Kapelle auf der Bühne dem Orchester (im Graben) gegenüber. (Mozart erlaubt sich hier den Scherz, die Musikanten Erfolgspiecen seiner Kollegen und eine eigene, eine *Figaro*-Arie, spielen zu lassen.) Im ersten Finale sind drei Bühnenkapellen – jede mit einem anderen Stück, in einer anderen Taktart! – ineinander verwoben. Hier wird damit auch auf soziale Positionen angespielt: Donna Anna und Don Ottavio ist das galante Menuett, Zerline und Don Giovanni der bürgerliche Kontretanz und Leporello und Masetto der damals plebejische «Deutsche» zugeordnet.

Am 1. Oktober 1787 fährt Mozart nach Prag, um in engem Kontakt mit den Sängern die Partitur zu vervollständigen und ihr letzten Schliff zu geben. Auch da Ponte trifft ein und kümmert sich um die szenische Einstudierung. Wie sehr Mozart an einer geradezu naturalistischen Deutlichkeit gelegen war, zeigt die Anekdote, wonach er, um einen Hilfeschrei Zerlines herauszufordern, auf die Bühne ging und, als die entsprechende Stelle kam, die Sängerin so hart anpackte, daß sie aufschrie.

Mit der Ouvertüre soll er bis zuletzt gewartet haben; erst kurz vor der Generalprobe, in der vorletzten Nacht vor der Aufführung, soll sie – mit Punsch und Märchengeplauder der Gattin als Stimulanzien – zu Papier gebracht worden sein. Die Premiere am 29. Oktober wurde, wie Mozart befriedigt feststellt, *mit dem lautesten beyfall* [158] quittiert.

Über die Moral des Stücks war sich die Kritik uneins. Ein Berliner Rezensent lobt 1791 zwar die Musik, nennt das Werk ansonsten aber eine «Mißgeburt menschlicher Erfindung»; die Vernunft werde gekränkt, die Sittsamkeit beleidigt, das Laster trete Tugend und Gefühl mit Füßen.[159] Goethe hingegen äußerte sich anerkennend. Am 30. Dezember 1797 schreibt er an Schiller: «Ihre Hoffnung, die Sie von der Oper hatten, würden Sie neulich im ‹Don Juan› auf einen hohen Grad erfüllt gesehen haben; dafür steht aber auch dieses Stück ganz isoliert, und durch Mozarts Tod ist alle Aussicht auf etwas Ähnliches vereitelt.»[160]

Theaterzettel der Wiener Erstaufführung des «Don Giovanni»

Im Sommer 1787 komponiert Mozart zwei Werke, deren Qualität scheinbar in polarem Verhältnis steht: das Divertimento *Ein musikalischer Spaß* (KV 522) und die Serenade *Eine kleine Nachtmusik* (KV 525). «Scheinbar» – denn dort, wo die Qualität mißraten scheint, ist sie kunstvoll und «künstlich» entstellt.

Der Titel *Ein musikalischer Spaß* ist von Mozart selbst. Wenn es in einem Druck Mitte des neunzehnten Jahrhunderts «Bauern-Symphonie ‹Die Dorfmusikanten›» heißt, ist das Gemeinte nicht recht getroffen. Zwar wird hier auch stümperhaftes Musizieren aufgespießt – vor allem aber das Mißverhältnis zwischen kompositorischem Anspruch und wirklichem Können. Die Satire richtet sich nicht gegen die volkstümliche Musik, sondern gerade gegen sich vornehm und kunstvoll gebärdende. Der fiktive Komponist sucht nichts weniger, als eine Sinfonie zu schreiben, und ihm ist auch das Muster geläufig, er hält sich sogar penibel daran; aber er hat gar kein Talent. Und mit dem Handwerk hapert es.

Die acht Wochen später entstandene Serenade G-Dur *Eine kleine Nachtmusik* ist in ihrer Vollkommenheit das perfekte Gegenbild. Mozart hat den so poetisch klingenden Titel eigenhändig in sein Werkverzeichnis eingetragen. Von den fünf Sätzen ist leider einer – das zweite Menuett – verlorengegangen.

Mozarts letzte Sinfonien nehmen die Erfahrungen der Kammermusik in sich auf. Indes sind sie keineswegs in die Sphäre der Intimität gerückt, im Gegenteil: Die neuen kompositorischen Prinzipien – wie die obligatorische thematische Arbeit – suchen die hier aufgeworfenen Konflikte tiefer und packender zu fassen. Aber gerade damit fand Mozart nicht das erhoffte Echo. Zwar dürfte es unzutreffend sein, daß die 1788 entstandene sinfonische Trias zu seinen Lebzeiten in der Schublade verschlossen blieb – existieren doch Abschriften, in einem Fall sogar eine eigene Umarbeitung. Aber die Öffentlichkeit riß ihm die Partituren nicht etwa aus den Händen. Mit Konzerten kam er nicht mehr recht an – offenbar hatte sich das auf wohlbetuchte Schichten gerichtete Subskriptionssystem überlebt. Doch dürfte auch Mozarts neue Musiksprache verunsichert haben.

Nur von der ersten der vier letzten Sinfonien, der sogenannten *Prager Sinfonie* (KV 504), komponiert im Dezember 1786, ist ein triumphaler Erfolg bezeugt. Sie war für Konzerte in Wien bestimmt, wohl aber auch

Das Nostitzsche Nationaltheater in Prag. Nach einer farbigen Lithographie

als Paradestück für Prag ausersehen. Jedenfalls waren es die böhmischen Mozart-Fans, die ihr am 19. Januar 1787 im Nationaltheater Ovationen darbrachten. Über die im Sommer 1788 in knapp zwei Monaten entstandenen *Sinfonien Es-Dur* (KV 543), *g-Moll* (KV 550) und *C-Dur* (KV 551) gibt es kein Echo, aber sie überbieten wohl noch das Niveau. Jede hat ihre eigene, unvergleichliche Mentalität. Menschliches Erleben wird wie in einem Prisma gespiegelt. Mozart verliert sich nicht an seine eigene momentane Stimmung – die bedrückt genug war. Er führt Erfahrungen zusammen und entwirft Lebensmodelle für die Zukunft.

Mozart versinkt in den endachtziger Jahren in Schulden und sucht nach einer Rettung. Neue Reisepläne werden erwogen. Das Angebot des Fürsten Karl Lichnowsky, seines Schülers, ihn nach Berlin zu begleiten, kommt ihm nur gelegen. Mozart hatte schon lange vor, am preußischen Hofe vorzusprechen. Auch konnten Zwischenaufenthalte in anderen Städten für Konzerte, Visiten und Verhandlungen genutzt werden. Am 8. April 1789 ist Abreise.

In Prag führt Mozart mit dem Theaterdirektor Domenico Guardasoni Gespräche über eine Oper für den künftigen Herbst; aber ein Vertrag kommt nicht zustande. In Dresden konzertiert er vor dem sächsischen Kurfürsten Xaver – was eine Dose mit hundert Dukaten einbringt. Leipzig zieht an als einstige Wirkungsstätte Bachs. In Potsdam hofft Mozart auf eine Audienz bei König Friedrich Wilhelm II., wird aber zunächst zu Jean Pierre Duport, dem Direktor der königlichen Kammermusik, geschickt; um sich einzuschmeicheln, komponiert er Klaviervariationen über ein Menuett von Duport (KV 573). Nochmals besucht Mozart Leipzig, um im Gewandhaus zur Messe ein Konzert zu geben; leider enttäuscht der Kassenrapport – am selben Abend geht hier *Figaros Hochzeit* in Szene! Die Reise führt zurück nach Berlin, wo nun doch ein Vorspiel beim König arrangiert werden kann; Mozart erhält sogar Aufträge für je sechs Streichquartette und Klaviersonaten. (Die Streichquartette werden später zur Hälfte fertig – wobei die Herausstellung des Violoncellos eine Reverenz vor dem selbst musizierenden königlichen Auftraggeber ist –; von den der Prinzessin Friederike zugedachten leichten Klaviersonaten entsteht nur eine.) Daß an Mozart vom preußischen Souverän ein lukratives Engagement herangetragen worden wäre, er es aber aus Anhänglichkeit an seinen kaiserlichen Landesherrn ausgeschlagen habe, gehört ins Reich der Legende. Die an die Reise geknüpften Erwartungen hatten sich keineswegs erfüllt. Mozart schreibt seiner Frau aus Berlin: *du musst dich bey meiner Rückkunft schon mehr auf mich freuen, als auf das gelde.*[161]

Dennoch setzt er weiter auf Tourneen. Am 9. Oktober 1790 wird in Frankfurt am Main Leopold II. zum Kaiser gekrönt. Mozart hatte sich bereits im März, kurz nach dem Regierungswechsel, bei Erzherzog Maximilian Franz als zweiter Hofkapellmeister empfohlen, dabei insbesondere auf seine Erfahrungen im Kirchenstil verweisend. Vergeblich. Auch nach Frankfurt wird nicht er – der doch immerhin auch in höfischem Dienst steht – delegiert, sondern Salieri und Ignaz Umlauff. Dennoch will er nicht darauf verzichten, sich dort, wo die Spitzen der Gesellschaft zu erwarten sind, zu produzieren, und bringt, um sich das Reisegeld zu verschaffen, das Silberzeug zum Pfandleiher. (Noch während er in Frankfurt ist, verpfändet er auch sein Mobiliar.) Die Hoffnungen erfüllen sich nicht. Mozart schreibt, es sei *alles Prallerey, was man von den Reichsstädten macht . . .*; die Leute seien hier *noch mehr Pfening-fuchser als in Wienn*[162]. Der Gewinn, den sein Konzert abwirft, ist mager. Auch in Mainz, Mannheim und München – Städten, die auf der Rückreise berührt werden – gibt es weit mehr schöne Worte als klingende Münze.

Indes werden an Mozart in seinen letzten beiden Lebensjahren einige durchaus anspruchsvolle (und wohldotierte) Kompositionsaufträge herangetragen. Indem er sie alle annimmt, bürdet er sich eine gewaltige Arbeitslast auf. Innerhalb von zwei Jahren hat er allein drei Opern verschiedener Gattungen zu komponieren: eine Buffa, eine Seria und ein Singspiel.

Am 29. August 1789 hat am Wiener Hoftheater eine Neueinstudierung von *Figaros Hochzeit* Premiere. Mozart gewann als Opernkomponist wieder Attraktivität; jedenfalls wurde er mit einer neuen Oper beauftragt. Der Überlieferung nach war es der Kaiser selbst, der das Sujet – angeblich eine wahre Begebenheit – aussuchte. Da Ponte schrieb das Libretto. Die Uraufführung war am 26. Januar 1790.

Es lohnt sich, auf den originalen ausführlichen Titel zurückzugehen: *Così fan tutte ossia La scuola degli amanti* – «So machen's alle oder Die Schule der Liebenden». Darin ist ein pädagogischer Gesichtspunkt angedeutet. Tatsächlich handelt es sich hier um ein Experiment. Ein gefährliches: denn die Treue zweier Paare steht auf dem Prüfstand.

Es soll auch gezeigt werden, daß Gefühle von Konventionen anerzogen sein können und dann auf schwankendem Boden stehen. Es scheint, daß die beiden Damen, gerade wenn sie sich beredsam und gestenreich ihrer Liebe versichern, eher nur Klischees zitieren. (Die Musik entlarvt es ih-

Das Wiener Burgtheater – Michaelerplatz.
Stich von Karl Schütz, 1783

rerseits, indem sie die gemäßen klanglichen Klischees bedient.) Aus der
Welt der Fiktionen werden sie unversehens – und zwar paradoxerweise
durch die ihnen aufgenötigte Untreue – in die Realität geholt und lernen
das echte Gefühl kennen.

Es ist die Tragik des Schlusses, daß nun gerade wieder die alten Verhältnisse hergestellt werden. Es war herausgekommen (wiederum unter
kräftiger Beteiligung der Musik), daß die Paare, die auf so fragwürdige
Weise zusammengebracht worden waren, besser miteinander harmoni-
sierten. Aber dagegen erheben die Sitte und der Brauch Einspruch. Freilich: Das Publikum hat den Einblick gewonnen und muß der in beflisse-
nem C-Dur unterbreiteten plakativen Lösung mißtrauen.

Der Stoff ist als obszön verurteilt worden. Niemetschek bedauerte,
daß Mozart an ein so elendes Machwerk von Text seine göttlichen Melo-
dien verschwendet habe.[163] Keine seiner Opern ist im neunzehnten Jahrhundert so oft und einschneidend (und abwegig) bearbeitet worden.
Zum Vorwurf der Obszönität kam der der Unwahrscheinlichkeit. Wie
sollten sich befreundete Paare in der Maskierung nicht erkennen? Hier
herrscht aber doch die Realität des Theaters! Es wird ein Lehrstück über
die Ambivalenz des Gefühls durchexerziert.

Der Charakter einer Versuchsanordnung schlägt sich auch in der Mu-

Der St. Stephans-Dom zu Wien.
Stich von Karl Schütz, 1792

sik nieder. Mozart hält sich hier besonders streng an architektonische
Symmetrien. Die Ensemblestücke überwiegen über die Sologesänge; indes liegen im Ensemble kaum Handlungsstränge, und selbst Konflikte
brechen selten auf. Die Musik ist in eine gewisse Distanz gerückt. Dazu
trägt auch bei, daß sie sich gern Masken aufsetzt und in Posen gefällt.
Mozart nutzt seine Kenntnis der Opera seria, um hier ihr Inventar ironisch gebrochen vorzuführen. Daß dabei prächtige Angebote an die
Gesangskunst abfallen, versteht sich von selbst. Gerade ihre genuin musikalischen Qualitäten haben diese Oper (ungeachtet der textlichen Ver-
unstaltungen) immer wieder auf die Spielpläne gebracht. In jüngerer
Zeit ist auch dem Libretto endlich Gerechtigkeit widerfahren; die Dis-
kussion um Emanzipation, eine neue «Sensibilität» und «Beziehungs-
kisten» machen es sogar besonders aktuell.

Im Juli 1791 bestellen die böhmischen Stände für die zum 6. September
anstehende Krönung Kaiser Leopolds II. zum König von Böhmen bei
Mozart eine Festoper *La Clemenza di Tito* (KV 621). Die Vorlage dafür
ist das vielgerühmte Libretto von Pietro Metastasio, in das hier der säch-

116

sische Hofpoet Catarino Mazzolà modernisierend eingreift: Er kürzt (namentlich in den Rezitativen), dichtet Verse um, lockert die Arienketten durch Ensemblesätze auf und disponiert effektvolle Finales. Mozart ist gehalten, zur Opera seria zurückzukehren, aber er sucht sich Freiräume zu schaffen. Allerdings kann auch er es nicht verhindern, daß der Edelmut der Titelfigur zur rhetorischen Pose gerät. Gewiß trifft er gut die Affektlagen, aber der Text zwingt ihn zur Typisierung. So strömt zwar das Cantabile schöner denn je, und es glitzern die Koloraturen, doch tut sich auch eine gewisse Beliebigkeit kund. Daß Mozart die Oper in nur achtzehn Tagen in Prag komponiert hat, dürfte Legende sein; er brauchte etwa fünfzig Tage. Um die Secco-Rezitative kümmerte er sich diesmal gar nicht und überließ sie seinem Schüler Franz Xaver Süßmayr.

Als Mozart nach Prag zu seiner letzten Reise aufbrach, wurde er – so will es die Überlieferung – beim Besteigen der Kutsche von einem Herrn angesprochen, der sich erkundigte, wie es um die Erledigung einer von ihm bestellten Komposition stünde. Mozart erbat sich Aufschub – und erhielt ihn gewährt.

Es war im Frühsommer 1791 gewesen, als der Herr zum erstenmal bei Mozart erschienen war. Er nannte weder seinen Namen noch den seines Auftraggebers und ließ nur verlauten, daß er geschickt worden sei, um gegen gute Bezahlung ein Requiem zu ordern. Mozart nahm den Auftrag an. Denn abgesehen von der finanziellen Aussicht erschien es ihm angebracht, sich wieder einmal mit Kirchenmusik zu empfehlen, zumal sein Gesuch, dem Kapellmeister des Stephansdoms als unbesoldeter Stellvertreter beigegeben zu werden, positiv beschieden worden war. Für weitere biographische Vermutungen ist Vorsicht geboten. Allerdings soll Mozart, wie seine Frau überliefert hat, geäußert haben, er schreibe sein eigenes Requiem.

Der wahre Sachverhalt ist prosaisch und ziemlich verquer. Ein reicher Musikfreund, Franz Graf von Walsegg-Stuppach, hatte kompositorischen Ehrgeiz, aber kein Talent; um dennoch als Komponist zu glänzen, bestellte er sich Werke, schrieb sie ab und gab sie als seine eigenen aus. Seine Gattin war gestorben, und er gedachte sie mit einem Requiem zu ehren. Er war es, der den Boten – wahrscheinlich seinen Gutsverwalter Franz Anton Leitgeb – zu Mozart schickte.

Mozart konnte das *Requiem* (KV 626) nicht vollenden. Seiner Witwe war daran gelegen – zumal die zweite Honorarhälfte ausstand –, die Partitur zu komplettieren und dem Besteller zukommen zu lassen. Sie sprach Joseph Eybler an, einen Kompositionsschüler Mozarts, der sich mit einigen Ergänzungen versuchte, schließlich aber resignierte. Nun wurde der mit Mozart eng verbundene Franz Xaver Süßmayr – der am Ort den Entstehungsprozeß hatte verfolgen können – damit betraut. Er instrumentierte die gemäßen Partien und steuerte Eigenes bei; inwieweit er dabei Skizzen verwenden konnte, steht offen. Die Witwe händigte das *Requiem* dem Besteller als ein komplettes Werk Mozarts aus und kassierte das Honorar. Dieser schrieb es ab und führte es unter seinem Namen auf. Inzwischen hatte aber längst die Wiener Premiere stattgefunden – und unter Mozarts Namen! Die Witwe ging sogar weiter und bot – die verworrene Lage ausnutzend – Partiturabschriften Interessenten zum Kauf an.

Am 14. Dezember 1784 war Mozart als «Lehrling» in die Wiener Loge «Zur Wohltätigkeit» eingetreten. Er erhoffte sich Belehrung, emotionale Erlebnisse, ein ethisch-moralisches Vorbild und nicht zuletzt Förderung und Geselligkeit. Tatsächlich fand er Freunde, die nicht nur geistige Anregungen vermittelten, sondern auch Hilfe in der Not gewährten. Mozart war, wie es in einer Maurerrede auf seinen Tod heißt, ein «eifriger Anhänger»[164] des Ordens.

Die Logen erteilten auch kompositorische Aufträge, denn sie erkannten den veredelnden Einfluß der Tonkunst. Mozart hat etliche spezielle Logen-Kompositionen geschrieben. Darüber hinaus gingen freimaurerische Ideen in Stoff und Form von Schöpfungen ein, die sich, fern ritueller Zweckgebundenheit, an die breite Öffentlichkeit wandten und die Symbole des Ordens als allgemeine Symbole des Humanismus auffaßten. Berühmtestes Beispiel: *Die Zauberflöte* (KV 620).

Das Jahr 1791 steht unter ihrem Zeichen. Der Theaterdirektor Schikaneder, mit Mozart seit langem bekannt, war der Initiator; er schreibt das Libretto. Emanuel Schikaneder, Schauspieler, Prinzipal, Dichter, Regisseur, Sänger, auch Komponist, ist ein faszinierender, aber auch umstrittener Theatermann. Mit einem Riesenaufgebot an Komparsen veranstaltete er regelrechte Freiluftspektakel. Aber er setzte sich auch für Lessing, Goethe und Schiller ein. Von seinem «Hamlet» sprach man allerorten; nicht weniger berühmt war er durch die von ihm als Gegenstück zum Kasperl kreierte Figur des Dummen Anton. Seit 1776 Theaterdirektor, erlebte er alle Höhen und Tiefen des gefährlichen Berufs. Bald schwelgte er im Überfluß – bald stand er vor dem Ruin. Seine Frau, von der er sich getrennt hatte, übernahm 1788 mit einem Kompagnon, ihrem Geliebten, das Theater im Starhembergschen Freihaus auf der Wieden in Wien; als der Kompagnon im Jahr darauf verstarb, versöhnte sich Schikaneder mit ihr und wurde Mitdirektor des Theaters.

Das Theater auf der Wieden stand in scharfer Konkurrenz mit dem von Karl Marinelli geleiteten, durch den Kasperl attraktiven Leopoldstädter Theater. Wie dieses konzentrierte es sich auf das Volksstück – inklusive des Singspiels. Zauberstoffe waren beim Wiener Publikum damals en vogue. Schikaneder paßte sich an und präsentierte am 11. September 1790 als erste seiner Zauberopern «Der Stein der Weisen, oder die Zauberinsel».

Wahrscheinlich hat Mozart zum «Stein der Weisen» ein *Duett* (KV 625) beigesteuert. Von Anfang an interessierte er sich für Schikaneders Thea-

Emanuel Schikaneder.
Nach einem Kupferstich
von Philipp Richter

ter und stattete dort öfters Besuche ab. Im März 1791 komponierte er
Klaviervariationen über das Lied *Ein Weib ist das herrlichste Ding auf
der Welt* (KV 613) aus Schikaneders Fortsetzungsserie «Der dumme
Gärtner aus dem Gebürge, oder die zween Anton». Verständlich, daß
Schikaneder Mozart für die erfolgversprechende modische Gattung der
Zauberoper zu gewinnen suchte. Mozart soll gezögert haben; er könne
jedenfalls, sollte sich ein Fiasko ergeben, dafür nicht verantwortlich ge-
macht werden, weil er sich in dem Metier noch nicht versucht habe.

Schikaneders Quellen sind: August Jakob Liebeskinds «Lulu oder Die
Zauberflöte» aus der Märchensammlung «Dschinnistan» von Christoph
Martin Wieland; der französische, durch Matthias Claudius ins Deutsche
übersetzte Roman «Sethos» des Abbé Jean Terrasson; die Oper «Oberon oder König der Elfen» von Karl Ludwig Gieseke und Paul Wranitzky
(textlich ein Plagiat des gleichnamigen, ein Wielandsches Versmärchen
adaptierenden Singspiels von Friederike Sophie Seyler); die von Karl
Friedrich Hensler gedichtete und von Wenzel Müller vertonte Oper

«Das Sonnenfest der Brahminen»; das Drama «Thamos, König von Ägypten» von Tobias Freiherr von Gebler (für das Mozart schon in den siebziger Jahren Chöre und Zwischenmusiken komponiert hatte).

Die schwer übersehbare Quellenlage und die Phantastik des Stoffes begünstigten abseitige Spekulationen über das Libretto. Da soll angeblich, als – noch während der Arbeit am Text – das Theater in der Leopoldstadt das Singspiel «Kaspar der Fagottist oder Die Zauberzither» herausbrachte, die Fabel, damit sie sich deutlich abgrenze, im ersten Akt umgestülpt und aus schwarz sozusagen weiß gemacht worden sein, obwohl doch Mozart, der sich das Stück ansah, fand, daß *gar nichts daran* sei[165]. Da wird behauptet, Schikaneder habe nur Prosaentwürfe verfaßt und sie zum Versifizieren weitergegeben. Da soll sich Schikaneder in den Autorenruhm teilen mit einem Herrn Gieseke alias Johann Georg Metzler, einem schriftstellernden Schauspieler, Plagiator des «Oberon», später Gröndlandforscher und Mineralogieprofessor in Dublin.

Die Qualität des Librettos stieß auf viel Kritik. Ein zeitgenössischer Rezensent befand, daß «der Inhalt und die Sprache des Stückes gar zu schlecht sind»[166]. In einem 1978 erschienenen Sammelband, der mit seinem Titel provokativ fragt, ob die Zauberflöte ein «Machwerk» sei, ist vom «wohl konfusesten Opernbuch, das fabriziert worden ist», die Rede.[167] Goethe hingegen war sehr wohl angetan davon. Zwar räumte er Johann Peter Eckermann gegenüber ein, «daß der bekannte erste Theil voller Unwahrscheinlichkeiten und Späße sei, die nicht jeder zurechtlegen und zu würdigen wisse», hob aber auch hervor, man müsse doch «auf alle Fälle dem Autor zugestehen, daß er im hohen Grade die Kunst verstanden habe, durch Kontraste zu wirken und große theatralische Effekte herbeizuführen»[168]. Wie sehr Goethe Schikaneders Libretto – das er hier als «ersten Teil» bezeichnet – schätzte, zeigt sich nicht zuletzt darin, daß er selbst einen – leider Fragment gebliebenen – zweiten Teil in Angriff nahm.

Walter Felsenstein hat in seiner berühmten Inszenierung von 1954 an der Komischen Oper Berlin den Sinn der Fabel aus einer Vorgeschichte entwickelt. Danach besaß Paminas Vater den «siebenfachen Sonnenkreis» – den Felsenstein mit der Atomkraft vergleicht: Er kann der Menschheit Wohl und Wehe bringen. Der König kannte und fürchtete die tyrannischen Neigungen seiner Gemahlin. Als er starb, vermachte er Sarastro den Sonnenkreis – und gab ihm zudem seine Tochter in Verwahrung. Wenn die Königin der Nacht Gefolgsleute zum Kampf gegen den vorgeblich räuberischen Sarastro wirbt, dient ihr die Tochter als sentimentaler Vorwand und Lockvogel. Ihr eigentliches Ziel ist der Besitz des Sonnenkreises, der ihr zu unbegrenzter Macht verhelfen würde. Als Erbstück ist ihr eine Flöte als Zaubermittel zugefallen; in ferner Zeit, als der König sich in einem Unwetter verirrt hatte, hat er sie sich aus einer tausendjährigen Eiche geschnitzt und damit – so Felsensteins Deutung – den

Dekorationsentwurf Goethes zur «Zauberflöte», 1793 (?)

Weg zurück gefunden. Die Königin läßt durch ihre Abgesandten, die drei Damen, Tamino die Zauberflöte überreichen, in der Hoffnung, daß er sie als Waffe gegen Sarastro verwende; Tamino aber versichert sich, wissend geworden, ihres Zaubers gerade dort, wo es gilt, durch die Prüfungen Mitglied der Gemeinschaft zu werden.

Die Sarastros Orden angehören, werden Priester genannt. Indes beschränken sie sich nicht auf religiöse Übungen. Die Namen der Tempel zeigen die Aufgaben: der Natur Geheimnisse zu entreißen, für die Durchsetzung der Vernunft zu streiten, Weisheit zu verbreiten. Die Menschen und Völker sollen einander näherkommen und zur Liebe finden. Voraussetzung dafür ist Gleichberechtigung – die Beseitigung von Entmündigung und Unterdrückung. Die Satzung der Gemeinschaft folgt demokratischen Prinzipien. Doch soll Demokratie auch nach außen dringen, zum Lebensprinzip ganzer Völker werden. Felsenstein folgert: Tamino wird, mit Pamina verbunden, einst zwei Reiche regieren. Als Mitglied der Gemeinschaft ist er zur Demokratisierung verpflichtet – zum Thronverzicht, zur Aufhebung der Monarchie.

Über das in der Zauberflöte vermutete politische Programm ist viel diskutiert worden. Es gibt – gerade in jüngerer Zeit – auch kritische Deutungen. Schon Felsenstein hatte seine Not mit den Sklaven im Ordensstaat und der dezidierten Weiberfeindschaft. Die Kritiker nun sehen hier

Karl Friedrich Schinkel: Bühnenbildentwurf des «Sonnentempels»
in der «Zauberflöte», 1815

eine perfekte Sklavenhaltergesellschaft ausgebildet, mit Sarastro als
«Emporkömmling»[169], als «salbaderndem Ideologen»[170] an der Spitze; die
«dummen Prüfungen» seien «eine Farce, Ritual, Publicity Sarastros»[171].
Hingegen wird die Königin der Nacht ins positive Licht gesetzt; ihr Zorn
sei berechtigt und jene Arie, die ihren tiefen Schmerz kundtut, keineswegs – wie Felsenstein konstruieren müsse – Ausdruck von Heuchelei.
Dies heißt nun freilich, den «Bruch» in dem Stück anzuerkennen – er sei
das eigentliche Thema der Zauberflöte.

   Immerhin fordern die Diskussionen dazu auf, die Widersprüche schärfer zu sehen und womöglich produktiv zu machen. Auch die Deutungen

im Sinne der Freimaurerei, die sich anbieten, sollten sich nicht in bloßer Analogie ergehen, sondern den historischen Stellenwert beachten. In die intendierte Aufklärung mischten sich damals schon bedenklich Züge der Anpassung.

Mozart und Schikaneder waren beide Logenbrüder. Verschiedene der geschilderten Zeremonien gemahnen an die gemäßen Gebräuche. Es begegnen die gleichen oder ähnliche Symbole. Die in der Freimaurerei geheiligte Zahl Drei ist bevorrechtet: drei Tempel, drei Tugenden, drei Prüfungen. Auch in die Gruppierung der Personen wirkt die «Drei» ein. Sogar die musikalische Faktur ist davon beeinflußt. Um es an der Ouvertüre zu zeigen: Sie schreibt drei Vorzeichen vor (Es-Dur), beginnt mit drei Akkorden, und in der Oberstimme entfaltet sich ein Dreiklang.

Etliche Kommentare argumentieren mit politischen Analogien. Da gilt Sarastro als Oberhaupt des maurerischen Weltbundes und die Königin der Nacht als Inkarnation des Aberglaubens. Eine andere Deutung sieht in Sarastro den einflußreichen Wiener Freimaurer Ignaz von Born personifiziert, in der Königin der Nacht die den Logen feindlich gesinnte Maria Theresia und in Tamino den ihnen wieder Geltung verschaffenden Kaiser Joseph II. Anderswo ist von einer Allegorie des Josephinismus die Rede, mit den zwei Reichen als Spiegelung zweier Fraktionen im Staat und der antizipierten Umwandlung der Adels- in eine Ordensmonarchie.[172] Eine brisante Deutung erschien 1794 in einer Mannheimer Monatsschrift und ging im folgenden Jahr in die «Geschichte des Verschwörungs-Systems der Jacobiner in den österreichischen Staaten» ein. Hier galten Mozart und Schikaneder als Propagandisten der Französischen Revolution; in der Königin der Nacht sei die Regierung Ludwigs XVI., in Pamina «die Freiheit als Tochter des Despotismus», in Tamino «das Volk», in Sarastro «die Weisheit einer besseren Gesetzgebung» und in den Priestern «die Nationalversammlung» dargestellt.[173] Die der Allegorie zugrundeliegende Idee sei «die Befreiung des französischen Volkes aus den Händen des alten Despotismus durch die Weisheit einer besseren Gesetzgebung»[174].

Sogar die Musik der *Zauberflöte* ist durch die jüngsten Diskussionen ins Zwielicht geraten. Wolfgang Hildesheimer spricht provozierend von einem «Musical»[175]. Die musikalische Welt des Sarastro und der Ordensbrüder wird als steif und gipsern entwertet. So mag auch der kontrapunktisch durchgeführte protestantische Choral im *Gesang der Geharnischten* schlicht als anachronistische Notlösung gelten, wo doch bisher der Griff zum alten Stil hier gerade als Mahnung ans «Gesetz» belobigt wurde! Die Neigung der Königin der Nacht zur Opera seria hingegen wird nicht als regressiv getadelt; vielmehr werden positive Eigenschaften entdeckt, etwa das Recht auf den Affekt als Ausdruck des Zorns und der Entrüstung.

Es bleibt die kunstvolle Vereinigung des Disparaten: des Populären und Stilisierten, des Bejahrten und des Modischen. Es bleibt die Bescheidenheit, daraus der große Effekt entsteht. (Daß zur Feuer-und-Wasser-Probe nur die Zauberflöte spielt, sekundiert von zarten Bläserakkorden, ist ein glänzender Einfall.) Es bleibt die Veredelung des Singspiels, die singulär war und geblieben ist.

Am 30. September 1791 fand im Theater des Freihauses auf der Wieden unter Leitung des Komponisten die Premiere statt. Obwohl sich das Publikum recht reserviert verhielt und Mozart schon in tausend Ängsten schwebte, gab es am Schluß herzlichen Beifall. Bald erwies sich das Stück als Kassenschlager ersten Ranges. Im Oktober konnte es Schikaneder vierundzwanzigmal ansetzen, am 23. November 1792 verzeichnete er die hundertste Vorstellung.

Schon während seines letzten, durch den *Titus* bedingten Aufenthalts in Prag «kränkelte und medizinirte Mozart unaufhörlich»[176]. In Wien stellte sich zeitweilig Besserung ein, aber sie trog. Am 20. November 1791 wurde Mozart bettlägerig.

Über die Krankheit, die zu seinem Tod führte, ist viel spekuliert worden. Unzählige Aufsätze, sogar Bücher sind darüber geschrieben worden. Da die Symptome mehrdeutig sind und zeitgenössische Diagnosen erst auf ihre heutigen Bedeutungen geprüft werden müssen, bleiben Unsicherheiten.

Der gewagtesten Hypothese nach wurde Mozart vergiftet. Antonio Salieri habe sich damit eines unliebsamen Rivalen entledigen wollen. Schon im Dezember 1791 reportiert das Berliner Musikalische Wochenblatt, daß man in Wien an eine Vergiftung glaube.[177] Sogar die Angehörigen bezeug-

ant. Salieri
nat. a Legnago 19 Aug.
1750

Fr. Rehberg ad viv. del.
Vienna 6 febr. 1821

Antonio Salieri

Antonio Salieri.
Stich von
Friedrich Rehberg,
Wien 1821

ten später, daß sich Mozart vergiftet gefühlt und Salieri verdächtigt hätte.
Auch kam das Gerücht auf, Salieri, der in geistiger Umnachtung endete,
habe den Mord selbst zugegeben; jedenfalls wisse sein Beichtvater davon.
Die Vergiftungstheorie wurde auch mit Eifersuchtsdramen verbunden.
Mozarts Schüler Franz Xaver Süßmayr habe ein Verhältnis mit Constanze
gehabt und den Ehemann aus dem Weg schaffen wollen. Oder, von der
anderen Seite her: Mozarts Logenbruder Franz Hofdemel sei über eine
Liaison seiner Ehefrau Magdalena mit Mozart außer Rand und Band geraten und habe sich so gerächt. (Tatsache ist, daß er am Tage nach
Mozarts Tod auf seine Frau mit dem Messer losging und sich selbst auf
gräßliche Weise umbrachte.) Dies alles sind Legenden.

Sollte Quecksilber eingegeben worden sein, so wäre eine Lues zu ver-
muten, die damals so behandelt wurde.[178] Es könnte aber auch das schon
in früher Jugend diagnostizierte Gelenkrheuma in ein Entzündungsfie-
ber übergegangen sein.[179] Oder hat sich Mozart eine Streptokokkeninfek-
tion geholt, die zum Nierenversagen führte?[180] Wie dem auch sei: Die

W.A.MOZART.

Dignum laude virum Musa vetat mori

Horat.

Mozart. Kupferstich von Johann Georg Mansfeld d. J. nach einem Relief
von Leonard Posch, 1789

akute Katastrophe dürfte durch die zeitüblichen, empfindlich schwächenden Aderlässe herbeigeführt worden sein.

Über Mozarts letzte Stunden hat seine Schwägerin Sophie Haibl berichtet. Am 5. Dezember verschlechterte sich rasant sein Befinden. Er fühlte sein Ende nahen und sagte, als man ihn beschwichtigen wollte: *ich habe ia schon den Todten scheschmack auf der Zunge.*[181] Constanze Mozart ließ einen Geistlichen holen, der sich indes erst lange weigerte. Man suchte einen Arzt, fand ihn im Theater; aber er mußte das Ende des Stücks abwarten. Als er dann kam, verordnete er kalte Umschläge. Der Kranke fiel in Bewußtlosigkeit, aus der er nicht mehr erwachte. Am 6. Dezember 1791, fünf Minuten vor ein Uhr, ist Wolfgang Amadeus Mozart, fünfunddreißig Jahre alt, verstorben.

Anmerkungen

Folgende Quellen werden abgekürzt zitiert:

Briefe: Mozart. Briefe und Aufzeichnungen. Gesamtausgabe. Hg. von der Internationalen Stiftung Mozarteum. Gesammelt von Wilhelm A. Bauer und Otto Erich Deutsch. Auf Grund deren Vorarbeiten erläutert von Joseph Heinz Eibl. 7 Bde. Kassel/Basel 1962–1975

Dokumente: Deutsch, Otto Erich (Hg.): Mozart. Die Dokumente seines Lebens. Kassel/Basel 1961. Addenda und Corrigenda zusammengestellt von Joseph Heinz Eibl. Kassel/Basel 1978

1 Briefe, Bd. I, S. 20
2 Ebenda, S. 21
3 Dokumente, S. 258
4 Briefe, Bd. IV, S. 186
5 Ebenda, S. 180
6 Ebenda, S. 181 f.
7 Briefe, Bd. I, S. 271 f.
8 Briefe, Bd. IV, S. 201
9 Dokumente, S. 20 f.
10 Briefe, Bd. I, S. 79
11 Dokumente, S. 470
12 Briefe, Bd. IV, S. 189
13 Briefe, Bd. I, S. 231 f.
14 Ebenda, S. 211
15 Ebenda, S. 71
16 Dokumente, S. 26
17 Briefe, Bd. IV, S. 199
18 Ebenda, S. 180
19 Briefe, Bd. I, S. 255
20 Ebenda, S. 286
21 Ebenda, S. 331
22 Ebenda, S. 364
23 Ebenda, S. 358
24 Ebenda, S. 378
25 Ebenda, S. 442
26 Briefe, Bd. II, S. 304

27 Briefe, Bd. I, S. 444
28 Dokumente, S. 122
29 Ebenda, S. 125
30 Ebenda, S. 124
31 Briefe, Bd. I, S. 485
32 Ebenda, S. 516
33 Dokumente, S. 138
34 Briefe, Bd. II, S. 395
35 Ebenda, S. 263
36 Briefe, Bd. III, S. 101
37 Ebenda, S. 110 f.
38 Ebenda, S. 112
39 Ebenda, S. 129
40 Briefe, Bd. I, S. 532 f.
   (Übersetzung aus dem italienischen Original)
41 Briefe, Bd. II, S. 138
42 Briefe, Bd. IV, S. 199
43 Ebenda, S. 298
44 Dokumente, S. 476
45 Nissen, Georg Nikolaus von: Biographie W. A. Mozart's. Leipzig 1828, S. 623
46 Ebenda
47 Ebenda, S. 586
48 Ebenda, S. 622

49 Ebenda
50 Briefe, Bd. II, S. 313
51 Novello, Vincent und Mary: Eine
    Wallfahrt zu Mozart. Hg. von
    Nerina Medici di Marignano und
    Rosemary Hughes. Bonn 1959,
    S. 180
52 Briefe, Bd. III, S. 232 f.
53 Ebenda, S. 233
54 Leitzmann, Albert (Hg.): Mozarts
    Persönlichkeit. Urteile der Zeit-
    genossen. Leipzig 1914, S. 68 f.
55 Ebenda, S. 64
56 Dokumente, S. 472
57 Briefe, Bd. I, S. 501 f.
58 Briefe, Bd. II, S. 199
59 Briefe, Bd. III, S. 31
60 Dokumente, S. 433
61 Briefe, Bd. II, S. 166
62 Ebenda, S. 7
63 Briefe, Bd. III, S. 121
64 Briefe, Bd. IV, S. 199 f.
65 Briefe, Bd. II, S. 442
66 Briefe, Bd. III, S. 222 f.
67 Novello, a. a. O., S. 110 f.
68 Briefe, Bd. IV, S. 150
69 Briefe, Bd. I, S. 393
70 Briefe, Bd. IV, S. 41
71 Ebenda, S. 59
72 Briefe, Bd. III, S. 141
73 Briefe, Bd. II, S. 258
74 Briefe, Bd. III, S. 180 f.
75 Briefe, Bd. II, S. 148
76 Ebenda, S. 24
77 Burney, Charles: Tagebuch einer
    musikalischen Reise. Leipzig 1968,
    S. 227
78 Briefe, Bd. II, S. 252
79 Ebenda, S. 277
80 Ebenda, S. 536
81 Novello, a. a. O., S. 128
82 Nissen, a. a. O., S. 414 f.
83 Briefe, Bd. II, S. 495
84 Briefe, Bd. III, S. 22
85 Ebenda, S. 53
86 Ebenda, S. 60
87 Ebenda
88 Ebenda, S. 111
89 Briefe, Bd. II, S. 194
90 Ebenda, S. 427
91 Dokumente, S. 460
92 Leitzmann, a. a. O., S. 136
93 Briefe, Bd. III, S. 78
94 Novello, a. a. O., S. 73
95 Briefe, Bd. III, S. 165
96 Leitzmann, a. a. O., S. 141
97 Briefe, Bd. II, S. 281
98 Briefe, Bd. III, S. 144
99 Hertzmann, Erich: Mozart's
    Creative Process. In: Musical
    Quarterly, 43 (1957), S. 187 ff.;
    Köhler, Karl-Heinz: Die Aus-
    sagefähigkeit des Berliner Mo-
    zart-Nachlasses. Überlieferung –
    Wirkungsgeschichte – Schaf-
    fensweise. Studien zum Mozart-
    bild der Gegenwart. Diss. (B)
    Berlin 1980
100 Niemetschek, Franz Xaver: Leben
    des K. K. Kapellmeisters
    Wolfgang Gottlieb Mozart. Hg.
    von Ernst Rychnowsky. Prag
    1905, S. 85
101 Briefe, Bd. II, S. 135
102 Dittersdorf, Karl Ditters von:
    Lebensbeschreibung. Hg. von
    Eugen Schmitz. Regensburg 1940,
    S. 212
103 Nägeli, Hans Georg: Vorlesungen
    über Musik. Stuttgart und
    Tübingen 1826, S. 157
104 Neuausgabe: Wir komponieren
    mit 2 Würfeln. Gestaltet nach
    einem Originalspiel von Wolfgang
    Amadeus Mozart. Hg. von der
    Deutschen Akademie der Künste/
    Sektion Musik. Pößneck o. J.
105 Briefe, Bd. IV, S. 180
106 Ebenda, S. 269
107 Niemetschek, a. a. O., S. 58
108 Briefe, Bd. I, S. 468
109 Briefe, Bd. II, S. 309 f.
110 Briefe, Bd. III, S. 189
111 Ebenda, S. 201
112 Novello, a. a. O., S. 140
113 Ebenda, S. 109
114 Briefe, Bd. III, S. 202 f.
115 Leitzmann, a. a. O., S. 132

116 Ebenda, S. 142
117 Ebenda, S. 121
118 Briefe, Bd. III, S. 373
119 Briefe, Bd. II, S. 265
120 Briefe, Bd. IV, S. 83
121 Briefe, Bd. II, S. 341
122 Ebenda, S. 444
123 Ebenda, S. 478
124 Briefe, Bd. III, S. 245 f.
125 Ebenda, S. 140
126 Ebenda, S. 181
127 Ebenda
128 Ebenda, S. 192
129 Ebenda, S. 167
130 Ebenda, S. 153
131 Dokumente, S. 186
132 Briefe, Bd. III, S. 162 f.
133 Ebenda, S. 199
134 Ebenda, S. 454
135 Dokumente, S. 478
136 Briefe, Bd. IV, S. 69
137 Briefe, Bd. III, S. 233
138 Briefe, Bd. IV, S. 150
139 Ebenda, S. 269
140 Ebenda, S. 505
141 Ebenda, S. 454
142 Novello, a. a. O., S. 69 und S. 76
143 Ebenda, S. 76
144 Briefe, Bd. III, S. 102
145 Briefe, Bd. II, S. 137
146 Nissen, a. a. O., S. 527
147 Briefe, Bd. III, S. 309
148 Ebenda, S. 379
149 Ebenda, S. 197 f.
150 Briefe, Bd. IV, S. 92
151 Briefe, Bd. III, S. 268
152 Ebenda
153 da Ponte, Lorenzo: Mein
     abenteuerliches Leben. Die
     Memoiren des Mozart-
     Librettisten. Deutsche Neufas-
     sung von Walter Klefisch.
     Hamburg 1960, S. 75
154 Dokumente, S. 244
155 Briefe, Bd. IV, S. 10
156 Felsenstein, Walter: Schriften zum
     Musiktheater. Berlin 1976, S. 379 ff.
157 Csampai, Attila: Mythos und
     historischer Augenblick in Mozarts
     «Don Giovanni». In: Mozart,
     Wolfgang Amadeus: Don Giovan-
     ni. Texte, Materialien, Kommen-
     tare. Reinbek bei Hamburg 1981,
     S. 34
158 Briefe, Bd. IV, S. 58
159 Dokumente, S. 343
160 Ebenda, S. 422
161 Briefe, Bd. IV, S. 89
162 Ebenda, S. 117
163 Niemetschek, a. a. O., S. 29
164 Dokumente, S. 393
165 Briefe, Bd. IV, S. 137
166 Dokumente, S. 358
167 Rosenberg, Wolf: Mozarts Rache
     an Schikaneder. In: Musik-
     Konzepte 3. München 1978, S. 5
168 Dokumente, S. 448
169 Csampai, Attila: Das Geheimnis
     der Zauberflöte oder die Folgen
     der Aufklärung. In: Mozart,
     Wolfgang Amadeus: Die Zauber-
     flöte. Texte, Materialien, Kom-
     mentare. Reinbek bei Hamburg
     1982, S. 13
170 Schreiber, Ulrich: Opernführer
     für Fortgeschrittene. Eine Ge-
     schichte des Musiktheaters. Von
     den Anfängen bis zur französi-
     schen Revolution. Kassel/Basel
     1988, S. 495
171 Csampai, Das Geheimnis der
     Zauberflöte, a. a. O., S. 23
172 Dieckmann, Friedrich:
     Gespaltene Welt und ein lieben-
     des Paar. Aspekte der Zauberflöte.
     In: Oper heute, 4, Berlin 1981,
     S. 93 f.
173 (Anonymus:) Geheime
     Geschichte des Verschwörungs-
     Systems der Jacobiner in den
     österreichischen Staaten. Für
     Wahrheitsfreunde. Zit. nach
     Blümml, Karl Emil: Ausdeutun-
     gen der Zauberflöte. In: Mozart-
     Jahrbuch I (1923), S. 113
174 Ebenda
175 Hildesheimer, Wolfgang: Mozart.
     Frankfurt am Main 1977, S. 326

176 Niemetschek, a. a. O., S. 34
177 Dokumente, S. 380
178 Hildesheimer, a. a. O., S. 368
179 Bär, Carl: Mozart. Krankheit –
Tod – Begräbnis. Salzburg 1972,
S. 88 ff.

180 Landon, C. Robbins: 1791.
Mozarts letztes Jahr. Düsseldorf
1988, S. 222 f.
181 Briefe, Bd. IV, S. 464

Die Orthographie in den Zitaten entspricht den Quellen.

Zeittafel

1756 Wolfgang Amadeus Mozart am 27. Januar in Salzburg als Sohn des Hofkapellgeigers Leopold Mozart und seiner Ehefrau Anna Maria, geb. Pertl, geboren

1760 Der Vater erteilt ersten Musik-(und offenbar auch ersten allgemeinbildenden)Unterricht

1761 Erste Kompositionen

1762 12. Januar erste, dreiwöchige Konzertreise nach München (mit dem Vater und der Schwester) – 18. September Konzertreise nach Wien (mit dem Vater, der Mutter und der Schwester) – Audienzen bei Kaiserin Maria Theresia – Abstecher nach Preßburg

1763 5. Januar Ankunft in Salzburg – 9. Juni Tournee nach Westeuropa (mit dem Vater, der Mutter und der Schwester) – Aufenthalte unter anderem in München, Augsburg, Ludwigsburg, Schwetzingen, Mainz, Frankfurt am Main, Brüssel – 18. November Ankunft in Paris

1764 Besuch des Hofes in Versailles – erster Druck von Kompositionen (*Violinsonaten* KV 6 u. 7) – 23. April Ankunft in London – mehrere Audienzen beim englischen König – schwere Erkrankung Leopold Mozarts – erste *Sinfonie Es-Dur* (KV 16)

1765 1. August Abreise von Dover aus – Aufenthalt in Belgien und Holland – schwere Erkrankung der Schwester Maria Anna und anschließend Wolfgang Amadeus Mozarts

1766 10. Mai Ankunft in Paris – Rückreise über die Schweiz, Donaueschingen und München – 29. November Ankunft in Salzburg

1767 Geistliches Singspiel (1. Teil) *Die Schuldigkeit des ersten Gebots* (KV 35) – Lateinisches Intermedium *Apollo et Hyazinthus* (KV 38) – 11. September zweite Reise nach Wien (mit dem Vater, der Mutter und der Schwester) – Flucht vor einer Pockenepidemie über Brünn nach Olmütz, dennoch schwere Erkrankung Wolfgang Amadeus und Maria Anna Mozarts

1768 10. Januar Rückkehr nach Wien – Opera buffa *La finta semplice* (KV 51) (Aufführung in Wien durch Intrigen hintertrieben) – Singspiel *Bastien und Bastienne* (KV 50)

1769 5. Januar Ankunft in Salzburg – Uraufführung von *La finta semplice* – 27. Oktober Berufung zum (unbesoldeten) Dritten Konzertmeister der Salzburger Hofkapelle – 13. Dezember erste Reise nach Italien (mit dem Vater)

1770 Aufenthalte unter anderem in Verona, Mailand, Bologna, Florenz, Rom,

Neapel – erstes *Streichquartett G-Dur* (KV 80) – Ernennung zum «Ritter vom Goldenen Sporn» durch den Papst – Studien im Kontrapunkt bei Padre Giovanni Battista Martini – Aufnahme in die Accademia Filarmonica di Bologna – 26. Dezember Uraufführung der Opera seria *Mitridate, Rè di Ponto* (KV 87) in Mailand

1771   28. März Ankunft in Salzburg – Azione sacra *La Betulia liberata* (KV 118) – 13. August zweite Reise nach Italien (mit dem Vater) – 17. Oktober Uraufführung der Serenata teatrale *Ascanio in Alba* (KV 111) in Mailand – 15. Dezember Ankunft in Salzburg

1772   Hieronymus Graf von Colloredo wird Fürsterzbischof von Salzburg (als Nachfolger des verstorbenen Grafen Sigismund Christoph von Schrattenbach) – Berufung zum nunmehr besoldeten Konzertmeister der Salzburger Hofkapelle – 24. Oktober dritte Reise nach Italien (mit dem Vater) – 26. Dezember Uraufführung des Dramma per musica *Lucio Silla* (KV 135) in Mailand

1773   13. März Ankunft in Salzburg – Mitte Juli dritte Reise nach Wien (mit dem Vater) – Ende September Rückkehr nach Salzburg

1774   6. Dezember Reise nach München (mit dem Vater)

1775   13. Januar Uraufführung der Opera buffa *La finta giardiniera* (KV 196) in München – 7. März Rückkehr nach Salzburg – *Violinkonzerte*

1777   Entlassung aus der Salzburger Hofkapelle – 23. September Reise nach Paris (mit der Mutter) – Vorsprache am Münchener Hof wegen eines Engagements – Aufenthalt in Augsburg – 30. Oktober Ankunft in Mannheim – Bemühungen um eine Verpflichtung am Mannheimer Hof – Bekanntschaft mit Fridolin Weber und seiner Familie – Liebe zu Aloysia Weber

1778   Ende Januar mit Fridolin und Aloysia Weber Ausflug an den Hof von Kirchheimbolanden – 23. März Ankunft in Paris – *Sinfonie D-Dur* (KV 297) – 3. Juli Tod Anna Maria Mozarts in Paris – 26. September Abreise aus Paris – Rückreise nach Salzburg mit Aufenthalten in Straßburg, Mannheim, Kaiserslautern und München

1779   Mitte Januar Ankunft in Salzburg – 17. Januar Berufung zum Salzburger Hoforganisten

1780   5. November Reise nach München

1781   29. Januar Uraufführung der Opera seria *Idomeneo, Rè di Creta* (KV 366) in München – 16. März Ankunft in Wien (auf Ordre des Salzburger Erzbischofs) – Streitigkeiten mit dem Erzbischof – Anfang Mai Übersiedelung zu Cäcilie Weber – 8. Juni Mozart kündigt den Salzburger Dienst auf

1782   Ab April Teilnahme an dem Musikzirkel des Barons Gottfried van Swieten (Bach- und Händel-Studien) – 16. Juli Uraufführung des Singspiels *Die Entführung aus dem Serail* (KV 384) in Wien – 4. August Mozart heiratet Constanze Weber

1783   Ende Juli mit Constanze nach Salzburg zu einem Besuch des Vaters – auf der Rückreise am 30. Oktober Ankunft in Linz – *Sinfonie C-Dur* (KV 425) – Ende November Rückkehr nach Wien

1784   Mitwirkung in zahlreichen Konzerten – *Klavierkonzerte* – 14. Dezember Eintritt in die Wiener Freimaurerloge «Zur Wohltätigkeit»

1785   Wiederum viele Konzertverpflichtungen – Besuch Leopold Mozarts in Wien – Abschluß der sechs Joseph Haydn gewidmeten *Streichquartette* (KV 387, 421, 428, 458, 464, 465)

1768   1. Mai Uraufführung der Opera buffa *Le nozze di Figaro* (KV 492) in Wien
1787   8. Januar bis Mitte Februar erste Reise nach Prag – Uraufführung der *Sinfonie D-Dur* (KV 504) – 1. Oktober bis Mitte November zweite Reise nach Prag – 29. Oktober Uraufführung des Dramma giocoso *Don Giovanni* (KV 527) in Prag – 7. Dezember Ernennung zum k. u. k. Kammermusicus
1788   *Sinfonien g-Moll* (KV 543), *Es-Dur* (KV 550), *C-Dur* (KV 551)
1789   8. April Reise nach Berlin mit dem Fürsten Karl Lichnowski – über Prag, Dresden und Leipzig nach Potsdam – zweiter Aufenthalt in Leipzig – in Berlin Audienz bei König Friedrich Wilhelm II. – 4. Juni Ankunft in Wien
1790   26. Januar Uraufführung der Opera buffa *Così fan tutte* (KV 588) in Wien – 23. September bis Anfang November Reise nach Frankfurt am Main zur Krönung Kaiser Leopolds
1791   9. Mai Bestellung zum (unbesoldeten) Stellvertreter des Domkapellmeisters von St. Stephan – Ende August bis Mitte September Reise nach Prag – 6. September Uraufführung der Opera seria *La clemenza di Tito* (KV 621) in Prag – 30. September Uraufführung der Großen Oper *Die Zauberflöte* (KV 620) in Emanuel Schikaneders Theater im Freihaus auf der Wieden – Arbeit am *Requiem* (KV 626) (unvollendet) – 20. November Mozart wird bettlägerig – 5. Dezember Mozarts Todestag – laut Totenbuch am 6. Dezember Begräbnis auf dem Wiener Friedhof St. Marx

Zeugnisse

Karl Ditters von Dittersdorf (1799)
Er ist unstreitig eins der größten Originalgenies, und ich habe bisher noch keinen Komponisten gekannt, der einen so erstaunlichen Reichtum von Gedanken besitzt. Ich wünschte, er wäre nicht so verschwenderisch damit. Er läßt den Zuhörer nicht zu Atem kommen; denn, kaum will man einem schönen Gedanken nachsinnen, so steht schon wieder ein anderer herrlicher da, der den vorigen verdrängt, und das geht immer in einem so fort, so daß man am Ende keine dieser Schönheiten im Gedächtnis aufbewahren kann.

Johann Wolfgang von Goethe
Wie kann man sagen, Mozart habe seinen «Don Juan» komponiert? Komposition! Als ob es ein Stück Kuchen oder Biscuit wäre, das man aus Eiern, Mehl und Zukker zusammenrührt! Eine geistige Schöpfung ist es, das Einzelne wie das Ganze, wobei der Produzierende keineswegs versuchte und stückelte und nach Willkür verfuhr, sondern wobei der dämonische Geist seines Genies ihn in der Gewalt hatte, so daß er ausführen mußte, was jener gebot.

Musikalische Monatsschrift (1793)
Niemand wird in Mozart den Mann von Talenten und den erfahrenen, reichhaltigen und angenehmen Komponisten verkennen. Noch habe ich ihn aber von keinem gründlichen Kenner der Kunst für einen korrekten, viel weniger vollendeten Künstler halten sehen, noch weniger wird ihn der geschmackvolle Kritiker für einen in Beziehung auf Poesie richtigen und feinen Komponisten halten.

Gioacchino Rossini
Ich nehme Beethoven zweimal in der Woche, Haydn viermal, Mozart alle Tage … Beethoven ist ein Koloß, der euch oft Rippenstöße versetzt, während Mozart immer verehrungswürdig ist.

Johannes Brahms
So schön wie Mozart können wir heute nicht mehr schreiben, was wir jedoch können, das ist: uns bemühen, ebenso rein zu schreiben, als er schrieb.

Richard Wagner
Mir ist es wenigstens bei den so stabil wiederkehrenden und lärmend sich breitmachenden Halbschlüssen der Mozartschen Symphonien, als hörte ich das Geräusch des Servierens und Deservierens einer fürstlichen Tafel in Musik gesetzt.

Ferruccio Busoni
So denke ich über Mozart: Er ist bisher die vollkommenste Erscheinung musikalischer Begabung. Zu ihm blickt der reine Musiker beglückt und entwaffnet auf. Sein kurzes Leben und seine Fruchtbarkeit erhöhen seine Vollendung zum Range des Phänomens. Seine nie getrübte Schönheit irritiert. Sein Formensinn ist fast außermenschlich.

George Bernard Shaw
Ich kann Mozart nicht gerecht beurteilen. Ich brauche nur irgendwie lebhaft an seine schönsten Werke erinnert zu werden, schon kommt mir jeder andere wie ein sentimentaler, hysterischer Pfuscher vor.

Theodor W. Adorno (Februar 1932 über «Die Zauberflöte»)
... in einer Zeit, in der man den Namen Aufklärung als Schimpf braucht und die Mächte des Blutes als mythische Gottheiten wider allen Geist zu Hilfe ruft, frommt die Erinnerung: daß das Zeitalter der Musik, das den Deutschen heute noch ihr klassisches heißt, von einem Werk begonnen wird, das nicht bloß im Text, sondern noch in den innersten Zellen seines versöhnenden Klanges der Aufklärung zuzählt, ohne darum die Natur zu verraten: das vielmehr die Triebkraft der Natur selber an Aufklärung und Versöhnung wendet. Nirgends verschränken Liebe und Wahrheit sich inniger als in Mozarts menschlichster Oper.

Hermann Hesse
Je mehr man Mozart liebt, je mehr man sich mit ihm beschäftigt, desto rätselhafter wird seine Persönlichkeit. Es gibt Bilder des etwa Elfjährigen, die einen frühreifen, fertigen, unheimlich abgeschlossenen und in sich versunkenen Menschen zeigen, und es gibt Bilder und Briefe des viel Älteren, aus denen ein Kind uns ansieht. Wer Mozarts Leben an Hand der bekannten Biographien verfolgt, dem gleitet fast überall gerade da, wo man neugierig ist und Aufschlüsse erwartet, das Bild des Unbegreiflichen wieder ins Gestaltlose zurück; oft scheint es, als habe Mozart mit einer verzehrenden Intensität gelebt, geliebt und gelitten, dann wieder gewinnt man den Eindruck, er habe überhaupt nicht gelebt, es sei jeder Reiz und Ruf der Wirklichkeit in diesem seligen Geist ohne Umwege sofort zu Musik geworden.

Ernst Bloch
Das Ganze weist bei Mozart einen arithmetischen Zug auf, der der bewegten Beethovenschen Symphonie als einer gewählten, sich sichtbar und organisch zusammenfügenden Bildung prinzipiell widerspricht. Dieses ist dasselbe, was Wagner zu der richtigen Bemerkung veranlaßte, daß sich bei Mozart die empfindlichste Grazie mit einer erstaunlichen Begabung für Arithmetik verbunden hat, woraus sich eben der Wertcharakter dieses berückenden, aber nicht erschütternden, dieses weltlich klärenden, aber geistlich fast problemlosen Griechentums in der Musik ergibt.

Hans Werner Henze (1960/61)

In seinem zeitlich so begrenzten Aufenthalt auf dieser Erde hat er die steifen zerebralen Mechanismen, die Sprachmittel seiner Epoche, bis zum Zerbrechen gespannt und ihrem Ende nahegebracht, mit den feinsten, herbsten, tiefsten und höchsten Klängen, die ein menschliches Ohr vernommen hat, dem Leichtesten und Schwermütigsten – mit dem schweren, nachtstückehaften, süßen Wohllaut der Bläsersätze, mit unendlich feinem Muskelspiel der Streicher, den vollkommensten Vokalensembles, mit hellen triumphierenden Trompeten und Pauken.

Werkverzeichnis (Auswahl)

Das Werkverzeichnis ist nach Gattungen und innerhalb der Gattungen chronologisch angelegt. Die Gliederung in Werkgruppen folgt im wesentlichen den für die neue Mozartausgabe verbindlichen Prinzipien. Die Numerierung nach dem Köchel-Verzeichnis nennt zunächst die Nummer, unter der das Werk erstmals in der ersten oder einer späteren Auflage erschien und nach der es üblicherweise zitiert wird. In Klammern gesetzt ist die der letzten, sechsten Auflage und damit der neueren Chronologie entsprechende Nummer. Das Zeichen [x)] beim Datum weist auf eine nur angeblich oder mutmaßlich festzulegende Entstehungszeit hin.

I. Geistliche Gesangswerke

1. Messen, Requiem

Missa (solemnis) c-Moll/C-Dur, KV 139 (=47a); 1778[x]
Missa brevis G-Dur, KV 49 (=47d); 1768
Missa brevis d-Moll, KV 65 (=61a); 1769
Missa C-Dur («Dominicus»-Messe); KV 66; 1769
Missa brevis G-Dur, KV 140 (235d, Anh. C 1.12); 1773[x]
Missa in honorem Sanctissimae Trinitatis C-Dur, KV 167; 1773
Missa brevis F-Dur, KV 192 (=186f); 1774
Missa brevis D-Dur, KV 194 (=186h); 1774
Missa (brevis) C-Dur («Spatzen»- oder «Finkenschlag»-Messe),
    KV 220 (=196b); 1775/76
Missa (longa) C-Dur, KV 262 (=246a); 1775
Missa C-Dur («Credo»-Messe), KV 257; 1776
Missa (brevis) C-Dur («Spaur»- oder «Piccolomini»-Messe), KV 258; 1775
Missa (brevis) C-Dur («Orgelsolo»-Messe), KV 259; 1775[x] oder 1776[x]
Missa brevis B-Dur, KV 275 (=272b); 1777
Missa C-Dur («Krönungs»-Messe), KV 317; 1779
Missa solemnis C-Dur, KV 337; 1780
Missa c-Moll (Fragment), KV 427 (=417a); 1782/83
Requiem d-Moll (Fragment), KV 626; 1791

2. Litaneien, Vespern

Litaniae Lauretanae de B. M.V. B-Dur, KV 109(=74e); 1771
Litaniae de venerabili altaris sacramento B-Dur, KV 125; 1772

Litaniae Lauretanae de B. M.V. D-Dur, KV 195 (=186d); 1774[x]
Dixit Dominus und Magnificat C-Dur, KV 193 (=186g); 1774
Litaniae de venerabili altaris sacramento Es-Dur, KV 243; 1776
Vesperae de Dominica C-Dur, KV 321; 1779
Vesperae solennes de confessore C-Dur, KV 339; 1780

3. Kleinere Kirchenwerke
Mehrere Kyries, Offertorien, Antiphonen etc.

4. Oratorien, geistliche Singspiele und Kantaten
Die Schuldigkeit des ersten Gebots (1. Teil eines geistlichen Singspiels),
  KV 35; 1767
Grabmusik, KV 42 (=35a); 1767 (einzelne Teile um 1772 hinzugefügt)
La Betulia liberata (Azione sacra in due parti), KV 118 (=74c); 1771
Davidde penitente (Oratorium), KV 469 (außer zwei neuen Arien zusammen-
  gestellt aus der Missa c-Moll, KV 427); 1785
Kantate «Dir, Seele des Weltalls» (Fragment), KV 429; um 1785[x] bis 1791[x]
Die Maurerfreude («Sehen, wie dem starren Forscherauge»), KV 471; 1785
Kleine deutsche Kantate «Die ihr des unermeßlichen Weltalls Schöpfer ehrt»,
  KV 619; 1791
«Laut verkünde unsre Freude» (Freimaurerkantate), KV 623; 1791

II. Bühnenwerke

5. Opern, Singspiele
Apollo et Hyazinthus, lateinisches Intermedium, KV 38; 1767
  La finta semplice (Die vorgeblich Einfältige), Opera buffa in tre atti, KV 51
  (=46a); 1768
Bastien und Bastienne, Singspiel in einem Akt, KV 50 (=46b); 1768
Mitridate, Rè di Ponto (Mithridates, König von Ponthus), Opera seria in tre atti,
  KV 87 (=74a); 1770
Ascanio in Alba (Ascanius in Alba), Serenata teatrale in due atti, KV 111; 1771
Il sogno di Scipione (Der Traum Scipios), Serenata drammatica, KV 126; 1772
Lucio Silla, Dramma per musica in tre atti, KV 135; 1772
La finta giardiniera (Die verstellte Gärtnerin), Opera buffa in tre atti,
  KV 196; 1774/75
Il Rè pastore (Der König als Hirte), Dramma per musica in due atti,
  KV 208; 1775
Zaide (Das Serail), Singspiel in zwei Akten (Fragment), KV 344 (=336b);
  1779/80
Idomeneo, Rè di Creta (Idomeneo, König von Kreta), Opera seria in tre atti,
  KV 366; 1780/81
Die Entführung aus dem Serail, Komisches Singspiel in drei Akten,
  KV 384; 1781/82
L'oca del Cairo (Die Gans von Kairo), Opera buffa (Dramma giocoso) in due
  atti (Fragment), KV 422; 1783
Lo sposo deluso (Der getäuschte Bräutigam), Opera buffa in due atti (Frag-
  ment), KV 430 (=424a); 1783

Der Schauspieldirektor, Komödie mit Musik in einem Akt, KV 486; 1786
Le nozze di Figaro (Die Hochzeit des Figaro), Opera buffa in quattro atti,
    KV 492; 1785/86
Il dissoluto punito, ossia il Don Giovanni (Der bestrafte Wüstling oder Don
    Giovanni), Dramma giocoso in due atti, KV 527; 1787
Così fan tutte ossia La scuola degli amanti (So machen's alle oder Die Schule
    der Liebenden), Opera buffa in due atti; KV 588; 1789/90
Die Zauberflöte, Große Oper in zwei Akten, KV 620; 1791
La clemenza di Tito (Die Milde des Titus), Opera seria in due atti, KV 621; 1791

6. Musik zu Schauspielen, Pantomimen und Balletten
Musik zu dem heroischen Drama «Thamos, König in Ägypten», KV 345 (=336a);
    1773 (einzelne Teile 1775 oder 1779)
Ballettmusik zu der Pantomime «Les petits riens», KV 299b; 1778
Gavotte für Orchester B-Dur, KV 300; 1778[x]
Ballettmusik zu der Oper «Idomeneo», KV 367; 1781

7. Arien, Szenen und Ensemble mit Orchester
Ca. 60 Titel

III. Lieder, mehrstimmige Gesänge, Kanons

8. Lieder mit Klavier oder mit Mandoline
An die Freude («Freude, Königin der Weisen»), KV 53 (=47e); 1768[x]
«Wie unglücklich bin ich nit», KV 147 (=125g); 1772[x]
Lobgesang auf die feierliche Johannisloge («O heiliges Band»),
    KV 148 (=125h); 1772[x]
Ariette «Oisaux, si tous les ans», KV 307 (=284d); 1777/78[x]
Ariette «Dans un bois solitaire», KV 308 (=295b); 1777/78[x]
Die Zufriedenheit («Was frag ich viel nach Geld und Gut»),
    KV 349 (=367a); 1780/81[x]
«Komm, liebe Zither», KV 351 (=367b); 1780/81[x]
«Verdankt sei es dem Glanz der Großen», KV 392 (=340b); 1781/82[x]
An die Einsamkeit («Sei du mein Trost»), KV 391 (=340b); 1781/82[x]
An die Hoffnung («Ich würd' auf meinem Pfad mit Tränen»),
    KV 390 (=340c); 1781/82[x]
Lied zur Gesellenreise («Die ihr einem neuen Grade»), KV 468; 1785
Der Zauberer («Ihr Mädchen, flieht Damöten ja»), KV 472; 1785
Die Zufriedenheit («Wie sanft, wie ruhig fühl' ich hier»), KV 473; 1785
Die betrogene Welt («Der reiche Tor, mit Gold geschmücket»), KV 474; 1785
Das Veilchen («Ein Veilchen auf der Wiese stand»), KV 474; 1785
Lied der Freiheit («Wer unter eines Mädchens Hand»); KV 506; 1785[x]
Die Alte («Zu meiner Zeit»), KV 517; 1787
Die Verschweigung («Sobald Damoetas Chloën sieht»), KV 518; 1787
Das Lied der Trennung («Die Engel Gottes weinen»), KV 519; 1787
Als Luise die Briefe ihres ungetreuen Liebhabers verbrannte
    («Erzeugt von heißer Phantasie»), KV 520; 1787
Abendempfindung an Laura («Abend ist's»), KV 523, 1787

An Chloë («Wenn die Lieb' aus deinen blauen, hellen, off'nen Augen sieht»),
    KV 524; 1787
Des kleinen Friedrichs Geburtstag («Es war einmal»), KV 529; 1787
Das Traumbild («Wo bist du, Bild»), KV 530; 1787
Die kleine Spinnerin («Was spinnst du»), KV 531; 1787
Ein deutsches Kriegslied («Ich möchte wohl der Kaiser sein») (mit Orchester),
    KV 539; 1788
Lied beim Auszug in das Feld («Dem hohen Kaiser-Worte treu»), KV 552; 1788
Sehnsucht nach dem Frühlinge («Komm, lieber Mai»), KV 596; 1791
Im Frühlingsanfang («Erwacht zu neuem Leben»), KV 597; 1791
Das Kinderspiel («Wir Kinder, wir schmecken»), KV 598; 1791

9. Mehrstimmige Gesänge
U. a. sechs italienische Gesänge mit Bläsern (Notturni)

10. Kanons
(Auswahl)
«Leck mich im Arsch», KV 231 (=382c); 1782[x]
«Lieber Freistädtler, lieber Gaulimauli», KV 232 (=509a); 1787[x]
«Gemma in Prada», KV 558; 1788
«O du eselhafter Peierl», KV 560a (=559a); 1785[x]
«Bona nox, bist a rechta Ox», KV 561; 1788

IV. Orchesterwerke

11. Sinfonien (und orchestrale Einzelwerke)
Sinfonie Es-Dur, KV 16; 1764 oder 1765
Sinfonie D-Dur, KV 19; 1765
Sinfonie F-Dur, KV 19a; 1765[x]
Sinfonie B-Dur, KV 22; 1765
Sinfonie G-Dur, KV 45a; 1766[x]
Sinfonie F-Dur, KV 76 (=42a); 1767[x]
Sinfonie F-Dur, KV 43; 1767
Sinfonie D-Dur, KV 45; 1768
Sinfonie B-Dur, KV 45b; 1768[x]
Sinfonie D-Dur, KV 48; 1768
Sinfonie C-Dur, KV 73; 1769[x]
Sinfonie D-Dur, KV 81 (=73 l); 1770[x]
Sinfonie D-Dur, KV 97 (=73m); 1770[x]
Sinfonie D-Dur, KV 95 (=73n); 1770[x]
Sinfonie D-Dur, KV 84 (=73q); 1770
Sinfonie G-Dur, KV 74; 1770[x]
Sinfonie F-Dur, KV 75; 1771[x]
Sinfonie G-Dur, KV 110 (=75b); 1771
Finale zur Sinfonia des «Ascanio in Alba» D-Dur, KV 120 (=111a); 1771[x]
Sinfonie C-Dur, KV 96 (=111b); 1771[x]
Sinfonie F-Dur, KV 112; 1771
Sinfonie A-Dur, KV 114; 1771

Sinfonie G-Dur, KV 124; 1772
Sinfonie C-Dur, KV 128; 1772
Sinfonie G-Dur, KV 129; 1772
Sinfonie F-Dur, KV 130; 1772
Sinfonie Es-Dur, KV 132; 1772
Sinfonie D-Dur, KV 133; 1772
Sinfonie A-Dur, KV 134; 1772
Sinfonie D-Dur (zwei Sätze), KV 161 (=141a); 1772
Finale zur Sinfonie D-Dur, KV 161 (=141a), KV 163 (=141a); 1772[x]
Sinfonie Es-Dur, KV 184 (=161a); 1773
Sinfonie G-Dur, KV 199 (=161b); 1773
Sinfonie C-Dur, KV 162; 1773[x]
Sinfonie D-Dur, KV 181 (=162b); 1773
Sinfonie B-Dur, KV 182 (=173 dA); 1773
Sinfonie g-Moll, KV 183 (=173 dB); 1773
Sinfonie A-Dur, KV 201 (=186a); 1774
Sinfonie D-Dur, KV 202 (=186b); 1774
Sinfonie C-Dur, KV 200 (=189k); 1774
Finale einer Sinfonie oder eines Divertimentos D-Dur, KV 121 (=207a); 1775[x]
Finale einer Sinfonie C-Dur, KV 102 (=213c); 1776[x]
Sinfonie D-Dur («Pariser Sinfonie»), KV 297 (=300a); 1778
Sinfonie (Ouvertüre) G-Dur, KV 318; 1779
Sinfonie B-Dur, KV 319; 1779
Sinfonie C-Dur, KV 338; 1780
Sinfonie D-Dur («Haffner»-Sinfonie), KV 385; 1782
Sinfonie C-Dur («Linzer» Sinfonie), KV 425; 1783
Maurerische Trauermusik, KV 477 (=479a); 1785[x]
Sinfonie D-Dur («Prager» Sinfonie), KV 504; 1786
Sinfonie Es-Dur, KV 543; 1788
Sinfonie g-Moll, KV 550; 1788
Sinfonie C-Dur («Jupiter»-Sinfonie), KV 551; 1788

12. Kassationen, Serenaden und Divertimenti für Orchester
Galimathias musicum (Quodlibet), KV 32; 1766
Serenade (Final-Musik) D-Dur, KV 100 (=62a); 1769[x]
Kassation (Final-Musik) G-Dur, KV 63; 1769[x]
Kassation (Final-Musik) B-Dur, KV 99 (=63a); 1769[x]
Concerto oder Divertimento Es-Dur, KV 113; 1771
Divertimento D-Dur, KV 136 (=125a); 1772
Divertimento B-Dur, KV 137 (=125b); 1772
Divertimento F-Dur, KV 138 (=125c); 1772
Divertimento D-Dur, KV 131; 1772
Serenade (Final-Musik) D-Dur, KV 185 (=167a); 1773
Serenade D-Dur, KV 203 (=189b); 1774
Serenade D-Dur, KV 204 (=213a); 1775
Serenade (Serenata notturna) für zwei kleine Orchester D-Dur, KV 239; 1776
Serenade D-Dur («Haffner»-Serenade), KV 250 (=248b); 1776
Notturno für vier Orchester D-Dur, KV 286 (=269a); 1776[x] oder 1777[x]
Serenade D-Dur («Posthorn»-Serenade), KV 320; 1779

Eine kleine Nachtmusik G-Dur, KV 525; 1787
Adagio und Fuge c-Moll für Streichinstrumente, KV 546; 1788

13. Märsche und Tänze für Orchester
Menuette, Kontretänze, Deutsche Tänze

V. Konzerte

14. Konzerte für ein oder mehrere Streich- und Blasinstrumente mit Orchester
a) Violine
Violinkonzert B-Dur, KV 207; 1773
Concertone für zwei Solo-Violinen mit Oboe und Violoncello C-Dur,
    KV 190 (=186E); 1774
Violinkonzert D-Dur, KV 211; 1775
Violinkonzert D-Dur, KV 216; 1775
Violinkonzert G-Dur, KV 218; 1775
Violinkonzert A-Dur, KV 219; 1775
Adagio E-Dur (vermutlich Mittelsatz zum Violinkonzert A-Dur, KV 219),
    KV 261; 1776[x]
Rondo für Violine und Orchester B-Dur, KV 269 (=261a); 1776[x]
Konzertante Sinfonie für Violine und Viola Es-Dur, KV 364 (=320d); 1779[x]
Rondo für Violine und Orchester C-Dur, KV 373; 1781
b) Flöte, Oboe, Klarinette, Fagott
Fagottkonzert B-Dur, KV 191 (=186e); 1774
Flötenkonzert G-Dur, KV 313 (=285c); 1778[x]
Flötenkonzert (Oboenkonzert) D-Dur (C-Dur), KV 314 (=285d) bzw.
    KV 271k; 1778[x]
Andante für Flöte und Orchester C-Dur, KV 315 (=285e); 1778
Konzert für Flöte und Harfe C-Dur, KV 299 (=297c); 1778[x]
Klarinettenkonzert A-Dur, KV 622; 1791[x]
c) Horn
Hornkonzert Es-Dur, KV 417; 1783
Hornkonzert Es-Dur, KV 495; 1786
Hornkonzert D-Dur, KV 412 (erster Satz) und KV 514
    (zweiter Satz = Rondo) (=386b); 1791[x]

15. Konzerte für ein oder mehrere Klaviere mit Orchester
Klavierkonzert F-Dur (Bearbeitung nach Sonatensätzen von H. F. Raupach, . . .,
    L. Honauer); KV 37; 1767
Klavierkonzert B-Dur (Bearbeitung nach Sonatensätzen von H. F. Raupach,
    J. Schobert), KV 39; 1767
Klavierkonzert D-Dur (Bearbeitung nach Sonatensätzen von L. Honauer,
    J. G. Eckard, C. Ph. E. Bach), KV 40; 1767
Klavierkonzert G-Dur (Bearbeitung nach Sonatensätzen von H. F. Raupach,
    L. Honauer), KV 41; 1767
Drei Klavierkonzerte (Bearbeitungen nach Sonaten von J. Chr. Bach),
    KV 107; 1771[x]
Klavierkonzert D-Dur, KV 175; 1773

Klavierkonzert B-Dur, KV 238; 1776
Konzert für drei Klaviere F-Dur («Lodron»-Konzert), KV 242; 1776
Klavierkonzert C-Dur («Lützow»-Konzert), KV 246; 1776
Klavierkonzert Es-Dur («Jeunehomme»-Konzert), KV 271; 1777
Konzert für zwei Klaviere Es-Dur, KV 365 (=316a); 1779[x]
Konzert-Rondo für Klavier und Orchester D-Dur, KV 382; 1782[x]
Klavierkonzert A-Dur, KV 414 (=385p); 1782[x]
Konzert-Rondo für Klavier und Orchester A-Dur, KV 386; 1782
Klavierkonzert F-Dur, KV 413 (=387a); 1782/83[x]
Klavierkonzert G-Dur, KV 415 (=387b); 1782/83[x]
Klavierkonzert Es-Dur, KV 449; 1784
Klavierkonzert B-Dur, KV 450; 1784
Klavierkonzert D-Dur, KV 451; 1784
Klavierkonzert G-Dur, KV 453; 1784
Klavierkonzert B-Dur, KV 456; 1784
Klavierkonzert F-Dur, KV 459; 1784
Klavierkonzert d-Moll, KV 466; 1785
Klavierkonzert C-Dur, KV 467; 1785
Klavierkonzert Es-Dur, KV 482; 1785
Klavierkonzert A-Dur, KV 488; 1786
Klavierkonzert c-Moll, KV 491; 1786
Klavierkonzert C-Dur, KV 503; 1786
Klavierkonzert D-Dur («Krönungs»-Konzert), KV 537; 1788
Klavierkonzert B-Dur, KV 595; 1791

VI. Kirchensonaten

16. Sonaten für Orgel und Instrumente (17 Titel)

VII. Ensemblemusik für größere Solo-Besetzungen

17. Divertimenti und Serenaden für 5–13 Blasinstrumente
Divertimento B-Dur, KV 186 (=159b); 1773[x]
Divertimento Es-Dur, KV 166 (=159d); 1773
Divertimento C-Dur, KV 188 (=240b); 1773[x]
Divertimento F-Dur, KV 213; 1775
Divertimento B-Dur, KV 240; 1776
Divertimento Es-Dur, KV 252 (=240a); 1776[x]
Divertimento F-Dur, KV 253; 1776
Divertimento B-Dur, KV 270; 1777
Serenade (Gran Partita) B-Dur, KV 361 (=370a); 1781[x]
Serenade Es-Dur, KV 375; 1781/82
Serenade c-Moll, KV 388 (=384a); 1782[x]

18. Divertimenti für 5, 6 und 7 Streich- und Blasinstrumente
Divertimento D-Dur, KV 205 (=167A); 1773[x]
Divertimento F-Dur (1. Lodronische Nachtmusik), KV 247; 1776

Divertimento D-Dur, KV 251; 1776
Divertimento B-Dur (2. Lodronische Nachtmusik), KV 287 (=271H); 1777[x]
Divertimento D-Dur («Robinig»-Divertimento); KV 334 (=320b); 1779[x]
Divertimento «Ein musikalischer Spaß» F-Dur, KV 522; 1787

VIII. Kammermusik

19. Streichquintette und Quintette mit Blasinstrumenten
Streichquintett B-Dur, KV 174; 1773
Quintett Es-Dur für Horn, zwei Violinen, Viola und Violoncello,
  KV 407 (=386c); 1782[x]
Streichquintett C-Dur, KV 515; 1787
Streichquintett g-Moll, KV 516; 1787
Streichquintett c-Moll (Bearbeitung der Serenade c-Moll, KV 388),
  KV 406 (=516b); 1788[x]
Quintett A-Dur für Klarinette, zwei Violinen, Viola und Violoncello,
  KV 581; 1789
Streichquintett D-Dur, KV 593; 1790
Streichquintett Es-Dur, KV 614; 1791

20. Streichquartette und Quartette mit Blasinstrumenten
Streichquartett G-Dur, KV 80 (=73f); 1770 (die ersten drei Sätze),
  1773 oder 1774/75 (Schlußsatz)
Streichquartett (Divertimento) D-Dur, KV 155 (=134a); 1772
Streichquartett G-Dur, KV 156 (=134b); 1772[x]
Streichquartett C-Dur, KV 157, 1772[x] oder 1773[x]
Streichquartett (Divertimento) F-Dur, KV 158; 1772[x] oder 1773[x]
Streichquartett (Divertimento) B-Dur, KV 159; 1773[x]
Streichquartett Es-Dur, KV 160 (=159a); 1773[x]
Streichquartett F-Dur, KV 168; 1773
Streichquartett A-Dur, KV 169; 1773
Streichquartett C-Dur, KV 170; 1773
Streichquartett Es-Dur, KV 171; 1773
Streichquartett B-Dur, KV 172; 1773[x]
Streichquartett d-Moll, KV 173; 1773
Quartett C-Dur für Flöte, Violine, Viola und Violoncello, KV 285; 1777
Quartett D-Dur für Flöte, Violine, Viola und Violoncello, KV 285a; 1777/78
Quartett F-Dur für Oboe, Violine, Viola und Violoncello, KV 370 (=368b); 1781
Quartett C-Dur für Flöte, Violine, Viola und Violoncello, KV 285b; 1781/82
Streichquartett G-Dur, KV 387; 1782
Streichquartett d-Moll, KV 421 (=417b); 1783[x]
Streichquartett Es-Dur, KV 428 (=421b); 1783[x]
Streichquartett B-Dur, KV 458; 1784
Streichquartett A-Dur, KV 464; 1785
Streichquartett C-Dur («Dissonanzen»-Quartett), KV 465; 1785
Streichquartett D-Dur («Hoffmeister«-Quartett), KV 499; 1786
Quartett A-Dur für Flöte, Violine, Viola und Violoncello, KV 298; 1786/87[x]
Streichquartett D-Dur, KV 575; 1789

Streichquartett B-Dur, KV 589; 1790
Streichquartett F-Dur, KV 590; 1790

21. Trios und Duos für Streicher und Bläser
Sonate B-Dur für Fagott und Violoncello, KV 292 (=196c); 1775[x]
Sonate (Trio) B-Dur für zwei Violinen und Baß, KV 266 (=271f); 1777[x]
Fünf Divertimenti für zwei Bassetthörner (oder zwei Klarinetten) und Fagott
    oder für drei Bassetthörner, KV 439b; 1781/82[x] oder um 1785[x]
Duo G-Dur für Violine und Viola, KV 423; 1783
Duo B-Dur für Violine und Viola, KV 424; 1783
Zwölf Duos für zwei Blasinstrumente (Bassetthörner oder Hörner?),
    KV 487 (=496a); 1786
Divertimento Es-Dur für Streichtrio, KV 563; 1788

22. Quintette, Quartette und Trios mit Klavier oder Glasharmonika
Divertimento (Trio) B-Dur für Klavier, Violine und Violoncello, KV 254; 1776
Quintett Es-Dur für Klavier, Oboe, Klarinette, Fagott und Horn, KV 452; 1784
Quartett g-Moll für Klavier, Violine, Viola und Violoncello, KV 478; 1785
Quartett Es-Dur für Klavier, Violine, Viola und Violoncello, KV 493; 1786
Trio G-Dur für Klavier, Violine und Violoncello, KV 496; 1786
Trio Es-Dur für Klavier, Klarinette und Violoncello, KV 498; 1786
Trio B-Dur für Klavier, Violine und Violoncello, KV 502; 1786
Trio E-Dur für Klavier, Violine und Violoncello, KV 542; 1788
Trio C-Dur für Klavier, Violine und Violoncello, KV 548; 1788
Trio G-Dur für Klavier, Violine und Violoncello, KV 564; 1788
Adagio und Rondo für Glasharmonika, Flöte, Oboe, Viola und Violoncello,
    KV 617; 1791

23. Sonaten und Variationen für Klavier und Violine
(Auswahl)
Sonate G-Dur für Klavier und Violine, KV 301 (=293a); 1778
Sonate Es-Dur für Klavier und Violine, KV 302 (=293b); 1778
Sonate C-Dur für Klavier und Violine, KV 303 (=293c); 1778
Sonate A-Dur für Klavier und Violine, KV 305 (=293d); 1778
Sonate C-Dur für Klavier und Violine, KV 296; 1778
Sonate e-Moll für Klavier und Violine, KV 304 (=300c); 1778
Sonate D-Dur für Klavier und Violine, KV 306 (=300l); 1778
Sonate B-Dur für Klavier und Violine, KV 378 (=317d); 1779/80[x] oder 1781[x]
Sonate G-Dur für Klavier und Violine, KV 379 (=373a); 1781[x]
Sonate F-Dur für Klavier und Violine, KV 376 (=374d); 1781
Sonate F-Dur für Klavier und Violine, KV 377 (=374e); 1781
Sonate Es-Dur für Klavier und Violine, KV 380 (=374f); 1781
Zwölf Variationen über «La Bergère Célimène» für Klavier und Violine,
    KV 359 (=374a); 1781
Sechs Variationen über «Hélas, j'ai perdu mon amant» für Klavier und Violine,
    KV 360 (=374b); 1781[x]
Sonate (Präludium und Fuge) A-Dur/a-Moll für Klavier und Violine
    (Fragment); KV 402 (=385e); 1782[x]
Sonate B-Dur für Klavier und Violine, KV 454; 1784

Sonate Es-Dur für Klavier und Violine, KV 481; 1785
Sonate A-Dur für Klavier und Violine, KV 526; 1787
Sonate F-Dur für Klavier und Violine, KV 547; 1788

IX. Klaviermusik

24. Werke für zwei Klaviere und für Klavier zu vier Händen
Sonate C-Dur für Klavier zu vier Händen, KV 19d; 1765
Sonate D-Dur für Klavier zu vier Händen, KV 381 (=123a); 1772
Sonate B-Dur für Klavier zu vier Händen, KV 358 (=186c); 1773/74
Sonate D-Dur für zwei Klaviere, KV 448 (=375a); 1781
Fuge für zwei Klaviere c-Moll, KV 426; 1783
Sonate F-Dur für Klavier zu vier Händen, KV 497; 1786
Fünf Variationen über ein Andante C-Dur für Klavier zu vier Händen,
   KV 501; 1786
Sonate C-Dur für Klavier zu vier Händen, KV 521; 1787

25. Sonaten, Fantasien und Rondos für Klavier
Klaviersonate C-Dur, KV 279 (=189d); 1775
Klaviersonate F-Dur, KV 280 (=189d); 1775
Klaviersonate B-Dur, KV 281 (=189f); 1775
Klaviersonate Es-Dur, KV 282 (=189g); 1775
Klaviersonate G-Dur, KV 283 (=189h); 1775
Klaviersonate D-Dur, («Dürnitz»-Sonate), KV 284 (=205b); 1775
Klaviersonate C-Dur, KV 309 (=284b); 1777
Klaviersonate D-Dur, KV 311 (=284c); 1777
Klaviersonate a-Moll, KV 310 (=300d); 1778
Fantasie (Präludium) und Fuge C-Dur für Klavier, KV 394 (=383a); 1782
Klaviersonate C-Dur, KV 330 (=300h); 1783[x]
Klaviersonate A-Dur, KV 331 (=300i); 1783[x]
Klaviersonate F-Dur, KV 332 (=300k); 1783[x]
Klaviersonate B-Dur, KV 333 (=315c); 1783[x]
Klaviersonate c-Moll, KV 457; 1784
Fantasie c-Moll für Klavier, KV 475; 1785
Rondo für Klavier D-Dur, KV 485; 1786
Rondo für Klavier F-Dur, KV 494; 1786
Rondo für Klavier a-Moll, KV 511; 1787
Allegro und Andante F-Dur für Klavier, KV 533; 1788
Klaviersonate C-Dur, KV 545; 1788
Klaviersonate F-Dur, KV 547a; 1788[x]
Klaviersonate B-Dur, KV 570; 1789
Klaviersonate D-Dur, KV 576; 1789

26. Variationen für Klavier
Acht Variationen über ein holländisches Lied von Christian Ernst Graaf,
   KV 24; 1766[x]
Sieben Variationen über das Lied «Willem von Nassau», KV 25; 1766[x]
Sechs Variationen über ein Thema von Antonio Salieri, KV 180 (=173c); 1773[x]

Variationen über ein Menuett von Johann Christian Fischer, KV 179 (=189a);
    1774[x]
Zwölf Variationen über «Je suis Lindor», KV 354 (=299a); 1778
Neun Variationen über ein Thema von Nicolas Dezède «Lison dormait»,
    KV 264 (=315d); 1778
Acht Variationen über das Chorstück «Dieu d'amour» aus «Les Mariages Sam-
    nites» von André-Ernest-Modeste Grétry, KV 352 (=374c); 1781
Zwölf Variationen über «Ah, vous dirai-je, Maman», KV 265 (=300e); 1781/82
Zwölf Variationen über «La belle Françoise», KV 353 (=300e); 1781
Sechs Variationen über «Salve tu, Domine» aus der Oper «I filosofi immaginari»
    («Gli astrologhi») von Giovanni Paisiello, KV 398 (=416e); 1783[x]
Variationen über die Arie des Mignone «Come u' agnello» aus der Oper
    «Fra i due litiganti il terzo gode» von Giuseppe Sarti, KV 460 (=454a); 1784[x]
Zehn Variationen über «Unser dummer Pöbel meint» aus dem Singspiel
    «La rencontre imprévue» von Christoph Willibald Gluck, KV 455; 1784
Zwölf Variationen über ein Allegretto B-Dur, KV 500; 1786
Fünf (sechs) Variationen über ein Allegretto F-Dur, KV 54 (=547b); 1788[x]
Neun Variationen über ein Menuett von Jean Pierre Duport, KV 573; 1789
Acht Variationen über «Ein Weib ist das herrlichste Ding» von Benedikt Schack
    oder Franz Xaver Gerl, KV 613; 1791

27. Einzelstücke für Klavier, für Glasharmonika und Orgelwalze
unter anderem:
Adagio und Allegro f-Moll für eine Orgelwalze, KV 594; 1790
Fantasie F-Dur für eine Orgelwalze, KV 608; 1791

X. Supplement

28. Bearbeitungen, Ergänzungen und Übertragungen fremder Werke
Sechs dreistimmige Fugen (fünf von Johann Sebastian Bach, eine von
    Wilhelm Friedemann Bach), eingerichtet für Streichtrio und mit
    sechs Einleitungen versehen, KV 404a; 1782
Fünf vierstimmige Fugen von Johann Sebastian Bach, eingerichtet für
    Streichquartett, KV 405; 1782
Bearbeitung von Georg Friedrich Händels Pastorale «Acis und Galathea»,
    KV 566; 1788
Bearbeitung von Georg Friedrich Händels «Messias», KV 572; 1789
Bearbeitung von Georg Friedrich Händels Oratorium «Alexanderfest»,
    KV 591; 1790
Bearbeitung von Georg Friedrich Händels «Cäcilienode», KV 592; 1790

Bibliographie

1. Gesamtausgaben

Wolfgang Amadeus Mozarts Werke. Kritisch durchgesehene Gesamtausgabe. 24 Serien mit insgesamt 67 Bänden. Leipzig: Breitkopf & Härtel 1876–1907

Wolfgang Amadeus Mozart. Neue Ausgabe sämtlicher Werke. In Verbindung mit den Mozartstädten Augsburg, Salzburg und Wien hg. von der Internationalen Stiftung Mozarteum Salzburg. Kassel/Basel: Bärenreiter 1955 ff.

Mozart. Briefe und Aufzeichnungen. Gesamtausgabe. Hg. von der Internationalen Stiftung Mozarteum. Gesammelt von WILHELM A. BAUER und OTTO ERICH DEUTSCH. Auf Grund deren Vorarbeiten erläutert von JOSEPH HEINZ EIBL. 7 Bde. Kassel/Basel: Bärenreiter 1962–1975

ANGERMÜLLER, JOSEPH (Hg.): W. A. Mozart. Sämtliche Opernlibretti. Stuttgart: Reclam 1990

2. Quellenschriften, biographische Zeugnisse, Handbücher, Periodica

Acta Mozartiana. Mitteilungen der Deutschen Mozart-Gesellschaft e. V. Augsburg 1954 ff.

BECKER, MAX (Hg.): Mozart. Sein Leben und seine Zeit in Texten und Bildern. Frankfurt am Main 1991

BIANCOLLI, LOUIS (Hg.): The Mozart Handbook. Cleveland/New York 1954

BORY, ROBERT: Wolfgang Amadeus Mozart. Sein Leben und sein Werk in Bildern. Genf 1948

CZOBÁDI, PETER (Hg.): Wolfgang Amadeus – Summa Summarum. Das Phänomen Mozart: Leben, Werk, Wirkung. Wien 1990

DEUTSCH, OTTO ERICH (Hg.): Mozart. Die Dokumente seines Lebens. Kassel/Basel 1961. Addenda und Corrigenda. Zusammengestellt von JOSEPH HEINZ EIBL. Kassel/Basel 1978

DEUTSCH, OTTO ERICH: Mozart und seine Welt in zeitgenössischen Bildern. Kassel/Basel 1961

EIBL, JOSEPH HEINZ: Wolfgang Amadeus Mozart. Chronik eines Lebens. 2. Auflage Kassel/Basel/München 1977

HABERKAMP, GERTRAUD: Die Erstdrucke der Werke Wolfgang Amadeus Mozarts. 2 Bde. Tutzing 1986

HASTINGS, BAIRD: W. A. Mozart – A Guide To Research. New York 1989

KLOSE, DIETRICH (Hg.): Über Mozart. Von Musikern, Dichtern und Liebhabern. Stuttgart 1991

KÖCHEL, LUDWIG VON: Chronologisch-thematisches Verzeichnis sämtlicher Tonwerke Wolfgang Amadé Mozarts. Leipzig 1862. 2. Auflage bearbeitet von PAUL GRAF WALDERSEE. Leipzig 1905. 3. Auflage bearbeitet von ALFRED EINSTEIN. Leipzig 1937. 6. Auflage bearbeitet von FRANZ GIEGLING, GERD SIEVERS und ALEXANDER WEINMANN. Wiesbaden 1964

Konzertführer Mozart. Wiesbaden/Leipzig/Paris 1991

LANDON, H. C. ROBBINS, u. DONALD MITCHELL (Hg.): The Mozart Companion. London 1956

LANDON, H. C. ROBBINS (Hg.): Das Mozart-Kompendium. Sein Leben – seine Musik. München 1991

LEITZMANN, ALBERT (Hg.): Mozarts Persönlichkeit. Urteile der Zeitgenossen. Leipzig 1914

Leopold Mozart. Ausgewählte Werke. Hg. von MAX SEIFFERT. Denkmäler der Tonkunst in Bayern, IX/2. Leipzig 1908

MOZART, LEOPOLD: Gründliche Violinschule. Neu hg. von HANS JOACHIM MOSER. Leipzig 1956

Mozart-Bibliographie (bis 1970). Zusammengestellt von RUDOLPH ANGERMÜLLER und OTTO SCHNEIDER. Kassel/Basel 1976. Supplement 1971–1975. Kassel/Basel 1978. Supplement 1976–1980. Kassel/Basel 1982. Supplement 1981–1985. Kassel/Basel 1987.

Mozart. Bilder und Klänge. 6. Salzburger Landesausstellung. Salzburg 1991

Mozart-Ikonographie. Hg. von LUDWIG SCHIEDERMAIR. München/Leipzig 1914 (=Die Briefe W. A. Mozarts und seiner Familie, Bd. 5)

Mozart-Jahrbuch. 3 Jahrgänge. München 1923, 1924, 1929

Mozart-Jahrbuch. Salzburg 1950 ff.

Neues Mozart-Jahrbuch. 3 Jahrgänge. Regensburg 1941–1943

NOHL, LUDWIG: Mozart nach den Schilderungen seiner Zeitgenossen. Leipzig 1880

NOVELLO, VINCENT und MARY: Eine Wallfahrt zu Mozart. Hg. von NERINA MEDICI DI MARIGNANO und ROSEMARY HUGHES. Bonn 1959

SCHALLER, PAUL, u. HANS KÜHNER (Hg.): Mozart-Aspekte. Olten 1956

SCHIEDERMAIR, LUDWIG: Wolfgang Amadeus Mozarts Handschrift in zeitlich geordneten Nachbildungen. Bückeburg/Leipzig 1919

SCHNEIDER, OTTO, u. ANTON ALGATZY (Hg.): Mozart-Handbuch. Wien 1962

VALENTIN, ERICH: Mozart-Lexikon. Bergisch Gladbach 1983

WERNER-JENSEN, ARNOLD: Reclams Musikführer – Wolfgang Amadeus Mozart. 2 Bde. Stuttgart 1989/90

Wiener Figaro. Mitteilungen der Mozart-Gemeinde Wien. Wien 1931 ff.

3. Gesamtdarstellungen

ALBERT, HERMANN: Wolfgang Amadeus Mozart. 2 Teile. 3. Auflage Leipzig 1955. (Register von Erich Kapst, Leipzig 1966)

BLOM, ERIC: Mozart. Zürich 1954

BRAUNBEHRENS, VOLKMAR, u. KARL-HEINZ JÜRGENS: Mozart. Lebensbilder. Bergisch Gladbach 1990

EINSTEIN, ALFRED: Mozart. Zürich 1953/Frankfurt am Main 1968

HAAS, ROBERT: Wolfgang Amadeus Mozart. 2. Auflage Potsdam 1950

HILDESHEIMER, WOLFGANG: Mozart. Frankfurt am Main 1977

JAHN, OTTO: Wolfgang Amadeus Mozart. 2. Auflage Leipzig 1867

KING, ALEXANDER HYATT: Mozart. London 1970

KOMORZYNSKI, EGON: Mozart – Sendung und Schicksal. Wien 1955

KÜSTER, KONRAD: Mozart. Stuttgart 1990

MASSIN, JEAN u. BRIGITTE: Wolfgang Amadeus Mozart. Paris 1959

NETTL, PAUL: W. A. Mozart. Frankfurt am Main/Hamburg 1956

NIEMETSCHEK, FRANZ XAVER: Leben des K. K. Kapellmeisters Wolfgang Gottlieb Mozart. Reprint der Ausgabe Prag 1908. Mit einem Nachwort, Berichtigungen und Ergänzungen von PETER KRAUSE. Leipzig 1978

NISSEN, GEORG NIKOLAUS VON: Biographie W. A. Mozart's. Leipzig 1828. Neuausgabe Hildesheim 1984

NOHL, LUDWIG: Mozarts Leben. Leipzig 1877

OULIBICHEFF, ALEXANDER D.: Mozart, Stuttgart 1864

PAHLEN, KURT: Das Mozart Buch. Bergisch Gladbach 1991

PAUMGARTNER, BERNHARD: Mozart. Zürich 1957

REMUS, MATTHIAS: Mozart. Stuttgart 1991

SCHENK, ERICH: Mozart. Sein Leben, seine Welt. 2., neuüberarbeitete Auflage Wien/München 1975

SCHIEDERMAIR, LUDWIG: Mozart. Sein Leben und seine Werke. 2. Auflage Bonn 1948

SCHLICHTEGROLL, FRIEDRICH: Mozarts Leben. Graz 1794. Faksimile-Nachdruck. Hg. v. JOSEPH HEINZ EIBL. Kassel/Basel 1974

SCHRADE, LEO: W. A. Mozart. Bern/Zürich 1964

SCHURIG, ARTHUR: Wolfgang Amadeus Mozart. Sein Leben und sein Werk. Leipzig 1913 (2. Auflage 1923)

SIEGERT, STEFAN, u. NIELS FRÉDÉRIC HOFFMANN: Mozart – die einzige Bilderbiographie. Hamburg 1988

TENSCHERT, ROLAND: Mozart. 3. Auflage Leipzig 1957

TSCHITSCHERIN, GEORGI W.: Mozart. Eine Studie. Leipzig 1975/Reinbek bei Hamburg 1987

VALENTIN, ERICH: Mozart. Eine Bildbiographie. München 1959

DERS.: Mozart. Weg und Welt. München 1985

WYZEWA, THÉODORE DE, u. GEORGE DE SAINT-FOIX: Wolfgang Amédée Mozart. Sa vie et son œuvre. 5 Bde. Paris 1912–1946

4. Mozart-Studien

ABERT, ANNA AMALIE: Die Opern Mozarts. Wolfenbüttel 1970

ANGERMÜLLER, RUDOLPH: Antonio Salieri. Sein Leben und seine weltlichen Werke unter besonderer Berücksichtigung seiner großen Opern. München 1971–1974

DERS.: W. A. Mozarts musikalische Umwelt in Paris (1778). Eine Dokumentation. Salzburg 1982

DERS.: Mozart. Die Opern von der Uraufführung bis heute. Frankfurt am Main 1988

BADURA-SKODA, EVA u. PAUL: Mozart-Interpretation. Wien/Stuttgart 1957/Leipzig 1971

BÄR, CARL: Mozart. Krankheit – Tod – Begräbnis. Salzburg 1966

DERS.: «Er war kein guter Wirth.» Eine Studie über Mozarts Verhältnis zum Geld. In: Acta Mozartiana 1978, S. 30 ff.

Bericht über den Internationalen musikwissenschaftlichen Kongreß Wien, Mozartjahr 1956. Graz 1958

BITTER, CHRISTOF: Wandlungen in den Inszenierungsformen des «Don Giovanni» von 1787–1928. Regensburg 1961

BLÜMML, EMIL KARL: Aus Mozarts Freundes- und Familienkreis. Wien 1923

DERS.: Ausdeutungen der Zauberflöte. In: Mozart-Jahrbuch. I (1923), S. 109 ff.

BLUME, FRIEDRICH: Die formgeschichtliche Stellung der Klavierkonzerte Mozarts. In: Mozart-Jahrbuch. II (1924), S. 79 ff.

BORN, GUNTHART: Mozarts Musiksprache. Schlüssel zu Leben und Werk. München 1985

BRAUNBEHRENS, VOLKMAR: Mozart in Wien. München/Zürich 1986

DERS.: Salieri. Ein Musiker im Schatten Mozarts. München 1989

BROPHY, BRIGID: Mozart The Dramatist. London 1964

BUCHNER, ALEXANDER (u. a.): Mozart und Prag. Prag 1960

BURDE, WOLFGANG: Studien zu Mozarts Klaviersonaten. Formprinzipien und Formtypen. Giebing 1969

CARR, FRANCIS: Mozart und Constanze. Stuttgart 1986

CLOETER, HERMINE: Häuser und Menschen von Wien. Wien 1915 bis 1920

CONRAD, LEOPOLD: Mozarts Dramaturgie der Oper. Berlin 1942

Così fan tutte. Beiträge zur Wirkungsgeschichte von Mozarts Oper. Hg. vom Forschungsinstitut für Musiktheater der Universität Bayreuth. Redaktion SUSANNE VILL. Bayreuth 1978

DALCHOW, JOHANNES, GUNTHER DUDA u. DIETRICH KERNER: W. A. Mozart. Die Dokumentation seines Todes. Pähl 1966

DIES.: Mozarts Tod 1791–1971. Pähl 1971

DAVID, JOHANN NEPOMUK: Die Jupiter-Sinfonie. Göttingen 1960

DECKER, HERBERT: Dramaturgie und Szene in Mozarts Zauberflöte. Diss. München 1947

DENNERLEIN, HANS: Der unbekannte Mozart. Die Welt seiner Klavierwerke. 2. Auflage Leipzig 1955

DENT, EDWARD J.: Mozarts Opern. Berlin 1922

DENT, EDWARD J., u. ERICH VALENTIN: Der früheste Mozart. München 1956

DEUTSCH, OTTO ERICH: Mozart und die Wiener Logen. Zur Geschichte seiner Freimaurerkompositionen. Wien 1932

DIBELIUS, ULRICH (Hg.): Mozart-Aspekte. Kassel/München 1972

DIECKMANN, FRIEDRICH: Gespaltene Welt und ein liebendes Paar. Aspekte der Zauberflöte. In: Oper heute. 4. Berlin 1981, S. 93 ff.

DERS. (Hg.): Wolfgang Amadeus Mozart – Die Zauberflöte. Max Slevogts Randzeichnungen zu Mozarts Handschrift. Mit dem Text von Emanuel Schikaneder. Berlin 1984

DERS.: Die Geschichte Don Giovannis. Frankfurt am Main 1991

EGGEBRECHT, HANS HEINRICH: Versuch über die Wiener Klassik. Die Tanzszene in Mozarts «Don Giovanni». Wiesbaden 1972

ELIAS, NORBERT: Mozart. Zur Soziologie eines Genies. Frankfurt am Main 1991

ENGEL, HANS: Mozart in der philosophischen und ästhetischen Literatur. In: Mozart-Jahrbuch 1953, S. 64 ff.

DERS.: Die Finale der Mozartschen Opern. In: Mozart-Jahrbuch 1954, S. 113 ff.

DERS.: Mozart und das Theater. In: Mozart-Jahrbuch 1968/70, S. 47 ff.

FEDERHOFER, HELLMUT: Mozart als Schüler und Lehrer in der Musiktheorie. In: Mozart-Jahrbuch 1971/72, S. 86 ff.

FELLERER, KARL GUSTAV: Mozart-Überlieferungen und Mozart-Bild um 1800. In: Mozart-Jahrbuch 1955, S. 145 ff.

DERS.: Mozart im Wandel der Musikauffassung. In: Mozart-Jahrbuch 1956, S. 80 ff.

DERS: Die Kirchenmusik W. A. Mozarts. Laaber 1985

FELSENSTEIN, WALTER: Schriften zum Musiktheater. Berlin 1976

FLOROS, KONSTANTIN: Mozart-Studien. 1: Zu Mozarts Sinfonik, Opern- und Kirchenmusik. Wiesbaden 1979.

FLOTHUIS, MARIUS: Mozarts Bearbeitungen eigener und fremder Werke. Salzburg 1969

FRIEDRICH, GÖTZ: Die humanistische Idee der «Zauberflöte». Dresden 1954

DERS.: Die Zauberflöte in der Inszenierung Walter Felsensteins an der Komischen Oper Berlin 1954. Berlin 1958

GÄRTNER, HEINZ: Mozarts Requiem und die Geschäfte der Constanze Mozart. München 1986

DERS.: «Folget der Heißgeliebten.» Frauen um Mozart. München 1990

GAGELMANN, HARTMUT: Mozart hat nie gelebt . . . Eine kritische Bilanz. Freiburg/Basel/Wien 1990

GEORGIADES, THRASYBULOS: Kleine Schriften. Tutzing 1977

GIANTURCO, CAROLYN: Mozart's Early Operas. London 1981

GIRDLESTONE, CUTHBERT: Mozart And His Piano Concertos. London 1958

GOERTZ, HARALD: Mozarts Dichter Lorenzo da Ponte. Genie und Abenteurer. Wien 1985

GREITHER, ALOYS: Wolfgang Amadé Mozart. Seine Leidensgeschichte. Heidelberg 1958

DERS.: Die sieben großen Opern Mozarts. Heidelberg 1977

GRUBER, GERNOT: Mozart und die Nachwelt. Salzburg 1985

DERS.: Mozart verstehen. Salzburg 1990

HAMANN, HEINZ: Mozarts Schülerkreis. In: Mozart-Jahrbuch 1962/63, S. 115 ff.

HAUSSWALD, GÜNTER: Mozarts Serenaden. Leipzig 1951

HEUSS, ALFRED: Das dämonische Element in Mozarts Werken. In: Zeitschrift der Internationalen Musikgesellschaft. VII (1906), S. 175 ff.

HONOLKA, KURT: Emanuel Schikaneder. Der große Theatermann der Mozart-Zeit. Salzburg 1984

HUMMEL, WALTER: W. A. Mozarts Söhne. Kassel 1956

Internationale Konferenz über das Leben und Werk Wolfgang Amadeus Mozarts in Prag 1956. Prag o. J.

IRMEN, HANS-JOSEF: Mozart – Mitglied geheimer Gesellschaften. Zürich 1988

KAISER, JOACHIM: Mein Name ist Sarastro. Die Gestalten in Mozarts Meisteropern von Alfonso bis Zerlina. München/Zürich 1984

KEITEL, WILHELM, u. DOMINIK NEUNER: Mozart auf Reisen. München 1991

KELTERBORN, RUDOLF: Zum Beispiel Mozart. Ein Beitrag zur musikalischen Analyse. Kassel/Basel 1981

KING, ALEXANDER HYATT: Mozart In Retrospect. London 1955

DERS.: Mozart im Spiegel der Geschichte 1756 bis 1956. Kassel/Basel 1956 (= Übersetzung des 1. Kapitels von «Mozart In Retrospect»)

KÖHLER, KARL-HEINZ: Mozarts Kompositionsweise – Betrachtungen am Figaro-Autograph. In: Mozart-Jahrbuch 1967, S. 31 ff.

DERS.: Die Aussagefähigkeit des Berliner Mozart-Nachlasses. Überlieferung –

Wirkungsgeschichte – Schaffensweise. Studien zum Mozartbild der Gegenwart. Diss. (B) Berlin 1980

KOMORZYNSKI, EGON: Emanuel Schikaneder. 2. Auflage Wien 1955

KRAEMER, UWE: Wer hat Mozart verhungern lassen? In: Musica 1976, S. 203 ff.

KUCKERTZ, WILFRIED: Die Zauberflöte. Märchen und Mysterium. Essen 1985

KÜHN, ARNOLD: Mozarts humoristische Briefe. Literarhistorische Beiträge zum Verständnis der Briefe und dichterischen Versuche. Saarbrücken 1960

KUNZE, STEFAN: Mozarts Opern. Stuttgart 1984

LACH, ROBERT: W. A. Mozart als Theroretiker. In: Denkschriften der Akademie der Wissenschaften in Wien/Philosophisch-historische Klasse. 61. Bd., 1. Abhandlung. Wien 1919

LANDON, H. C. ROBBINS: 1791 – Mozarts letztes Jahr. Düsseldorf 1988

DERS.: Mozart. Die Wiener Jahre 1781–1791. München 1990

LANGEGGER, FLORIAN: Mozart – Vater und Sohn. Eine psychologische Untersuchung. Zürich/Freiburg i. Br. 1978

LAUER, ERICH: Mozart, wie ihn niemand kennt. Frankfurt am Main 1958

LEONHART, DOROTHEA: Mozart. Liebe und Geld. München 1991

LERT, ERNST: Mozart auf dem Theater. Berlin 1918

MASSENKEIL, GÜNTHER: Untersuchungen zum Problem der Symmetrie in der Instrumentalmusik W. A. Mozarts. Wiesbaden 1962

METZGER, HEINZ-KLAUS, u. RAINER RIEHN (Hg.): Mozart. Ist die Zauberflöte ein Machwerk? Musik-Konzepte 3. München 1978

MÜNSTER, ROBERT: W. A. Mozart – Idomeneo 1781–1981. Essays, Forschungsberichte, Katalog. München/Zürich 1981

NAGEL, IVAN: Autonomie und Gnade. Über Mozarts Opern. München 1985

NETTL, PAUL: Mozart in Böhmen. Prag 1938

DERS.: Musik und Freimaurerei. Eßlingen 1956

DERS.: Mozart und der Tanz. Zürich/Stuttgart 1959

ORTHEIL, HANS JOSEF: Mozart im Innern seiner Sprachen. Frankfurt am Main 1982

PETER, CHRISTOPH: Die Sprache der Musik in Mozarts Zauberflöte. Stuttgart 1983

PFANNHAUSER, KARL: Epilogemena Mozartiana. In: Mozart-Jahrbuch 1971/72, S. 268 ff.

PONTE, LORENZO DA: Memoiren des Mozart-Librettisten, galanten Liebhabers und Abenteurers. Hg. von GÜNTER ALBRECHT. Berlin 1970

PUNTSCHER-RIEKMANN, SONJA: Mozart. Ein bürgerlicher Künstler. Studien zu den Libretti «Le nozze di Figaro», «Don Giovanni» und «Così fan tutte». Wien/Köln/Graz 1982

RECH, GÉZA: Das Salzburger Mozart-Buch. Salzburg 1964

REISS, GUNTER: Komödie und Musik. Bemerkungen zur musikalischen Komödie «Così fan tutte». In: Die Musikforschung. XX (1967), S. 8 ff.

RIEGER, EVA: Nannerl Mozart. Frankfurt am Main 1990

RITTER, WOLFGANG: Wurde Mozart ermordet? Eine psychologische Studie. Frankfurt am Main 1989

ROSEN, CHARLES: Der klassische Stil. Haydn – Mozart – Beethoven. Kassel/Basel 1983

ROSENBERG, ALFONS: Die Zauberflöte. Geschichte und Deutung von Mozarts Oper. München 1964

DERS.: Don Giovanni. Mozarts Oper und Don Juans Gestalt. München 1968

RUF, WOLFGANG: Die Rezeption von Mozarts «Le nozze di Figaro» bei den Zeitgenossen. Wiesbaden 1977

SCHMID, MANFRED HERMANN: Mozart und die Salzburger Tradition. Tutzing 1976

SCHNEIDER, OTTO: Mozart in Wirklichkeit. 2. Auflage Wien 1956

SCHULER, HEINZ: Wolfgang Amadeus Mozart, Vorfahren und Verwandte. Neustadt a. d. Aisch 1980

SIEGMUND-SCHULTZE, WALTHER: Mozarts Melodik und Stil. Leipzig 1957

TALING-HAJNALI, MARIA: Der fugierte Stil bei Mozart. Bern 1959

TYSON, ALAN: Mozart – Studies On The Autograph Scores. Cambridge 1987

VALENTIN, ERICH: Mozart als Persönlichkeit. In: Mozart-Jahrbuch 1951, S. 60 ff.

DERS.: Zu Mozarts frühesten Werken. In: Mozart-Jahrbuch 1955, S. 238 ff.

DERS.: Leopold Mozart. Porträt einer Persönlichkeit. München 1987

VOSER-HOESLI, IRMA: Mozart. Briefstil eines Musikgenies. Zürich 1948

WEGELE, LUDWIG (Hg.): Leopold Mozart (1719–1787). Bild einer Persönlichkeit. Augsburg 1969

WERNER-JENSEN, KARIN: Studien zur «Don Giovanni»-Rezeption im 19. Jahrhundert. Tutzing 1980

WÜRTZ, ROLAND (Hg.): Das Mannheimer Mozart-Buch. Wilhelmshaven 1979

Namenregister

Die kursiv gesetzten Zahlen bezeichnen die Abbildungen

Nachbemerkung

Dem interessierten Leser seien namentlich die neueren Arbeiten der Mozart-Forscher Rudolph Angermüller, Volkmar Braunbehrens, Gernot Gruber, Konrad Küster, Stefan Kunze und H. C. Robbins Landon empfohlen; die vorliegende, um eine knappe Zusammenfassung bemühte Studie verdankt ihnen viel.
Dieses Buch widme ich meiner Tochter Friederike.

Über den Autor

Fritz Hennenberg wurde 1932 in Döbeln (Sachsen) geboren. Nach dem Abitur an der dortigen Lessing-Oberschule ab 1951 Studium an der Hochschule für Musik Dresden und an der Universität Leipzig. Vorlesungen bei Ernst Bloch. 1965 Promotion mit einer Arbeit über «Das Kantatenschaffen von Gottfried Heinrich Stölzel (1690–1749)». 1957 erste Begegnung mit dem Komponisten Paul Dessau. 1963 «Dessau–Brecht: Musikalische Arbeiten» (Untersuchung über Brechts Musikauffassung: Verfremdung – Gestus). 1964 bis 1979 Redakteur des Rundfunk-Sinfonieorchesters Leipzig; Konzertreihen mit Avantgarde; Begründung der «Leipziger Rathaus-Konzerte». Zeitweilig Chefdramaturg des Gewandhausorchesters Leipzig. 1969 Begegnung mit der Sängerin Roswitha Trexler, gemeinsame Dokumentation von Interpretationsmodellen; zahlreiche Tourneen als Begleitpianist. 1984 Herausgabe des «Großen Brecht-Liederbuchs». Gründung eines alternativen Avantgarde-Festivals auf dem Lande: «Wutiker Steinberg Stadel». Seit 1990 Chefdramaturg der Oper Leipzig.

Quellennachweis der Abbildungen

Reclam-Verlag, Leipzig: 2, 6, 8, 9, 12, 13, 15, 18, 19, 22, 25, 28, 34/35, 36, 38, 52, 56, 57, 58, 63, 68/69, 76, 78, 88/89, 90, 95, 96, 97, 101, 108, 112/113, 115, 116, 119, 122, 123
Mozartgemeinde Augsburg: 10
Bilderdienst Süddeutscher Verlag, München: 14
Conservatorio G. B. Martini, Bologna: 26
Aus: Mozart: Bilder und Klänge. 6. Salzburger Landesausstellung. Salzburg 1991. 27 (Privatbesitz), 29 (Mozartmuseum, Salzburg), 45 (Privatbesitz)
Civica Raccolta Stampe Bertarelli, Mailand: 30/31
Bildarchiv der Österreichischen Nationalbibliothek, Wien: 32, 66, 84, 99, 111, 125
Bildarchiv Preußischer Kulturbesitz, Berlin: 40/41, 75
Internationale Stiftung Mozarteum, Salzburg: 46, 100
Historia-Photo, Hamburg: 48, 126
Aus: Aloys Greither: Wolfgang Amadé Mozart. Reinbek bei Hamburg 1962: 61
Mozart-Gedenkstätte, Augsburg: 81, 91
Aus: Harald Goertz: Mozarts Dichter Lorenzo da Ponte. Genie und Abenteurer. Wien 1985: 104
Aus: Wolfgang Amadeus Mozart. Die Hochzeit des Figaro. Hg. von Attila Csampai und Dietmar Holland. Reinbek bei Hamburg 1982: 107
Stiftung Weimarer Klassik, Goethe- und Schiller-Archiv, Weimar: 121